39 4°

Théorie musicale.

Partie élémentaire.

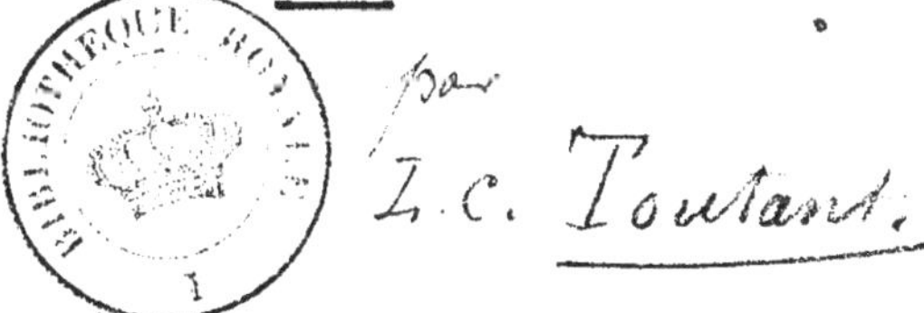

par

L. C. Toutant.

L. C. Toutant.
1815

Lecteurs Litt. de Piéhot

Avant-propos.

L'étude de la science musicale est chose plus utile qu'on ne semble généralement le penser. Il ne suffit pas d'être instrumentiste pour mériter le titre de Musicien : ces deux qualités sont entièrement indépendantes l'une de l'autre. —— Aussi, chaque jour, voyons-nous des Amateurs regretter vivement que l'étude de la théorie musicale ne les ait pas mis à même de formuler harmoniquement les pensées vraiment heureuses dont ils sont quelquefois inspirés. S'ils étaient musiciens, plusieurs d'entr'eux deviendraient, n'en doutons pas, des Artistes distingués.

Sans vouloir imposer mon sentiment à personne, qu'on me permette d'essayer à faire comprendre la différence que j'établis entre l'artiste, le musicien et l'amateur.

L'Artiste est du petit nombre de ces théoriciens privilégiés sur qui descend un rayon de céleste faveur : Dieu lui a donné le génie. — Le génie, qui seul produit des œuvres capables d'exprimer des sentimens, de remuer profondément le cœur en même d'y faire éclore des passions ; — le génie, qui soumet tout à des lois,

et dont l'immense empire n'a d'autres limites que celles
du Noble et du Beau !

L'artiste musicien est à la fois peintre et poète:
car, s'il n'est point de véritable peinture sans poésie et sans
harmonie ; point de véritable poésie sans harmonie et
sans tableaux : de même, il n'est point de véritable musique
sans poésie et sans images.

Je donne le titre de Musicien au théoricien qui, sans
être doué du feu sacré du génie, possède au moins cet heureux mé-
-lange de justesse d'idées, de délicatesse de sentiment et de sensi-
-bilité, qui constitue essentiellement, selon moi, une organisation
propre à goûter le charme de la Musique.

Ainsi, le Musicien peut apprécier, à toute leur valeur, les
œuvres des Artistes. — S'il est privé de leurs grandes et par-
fois sublimes inspirations, du moins il sait composer ; et
si ses productions ne sont pas toujours remarquables par leur
élégance ou leur beauté, du moins elles le seront par leur
correction.

Enfin, j'appelle Amateur celui qui n'a pas étudié
la théorie, mais qui réunit d'ailleurs les qualités d'orga-
-nisation qui distinguent le musicien.

Instrumentiste, chanteur, ou non, le véritable Amateur
jouit pleinement de ce qu'il comprend : mais qu'il est loin
de tout comprendre ! Que de beautés du premier ordre échap-
pent à son intelligence ou ne lui sont qu'imparfaitement

révélées, tandis que la science les lui auraient montrées dans toute leur éclat[1].

———— J'ai donc eu raison de dire que l'étude de la science musicale était plus utile qu'on ne semblait généra-lement le penser.

Mais cette étude présente-t-elle de grandes difficultés ? Non : de toutes les sciences, la musique est peut-être celle dont les rudimens sont le moins rebutans ; que si, jusqu'à présent, beaucoup de personnes ont cru le contraire, ç'a plutôt été la faute des méthodes ou des maîtres que celle de la science elle-même. Et s'il me fallait absolument choisir entre deux extrêmes, je croirais moins encore à la nécessité de consacrer dix années à l'étude complète de la science musicale, que je n'aurais foi en les résultats par trop merveilleux dont on a parlé naguères à Lyon et ailleurs.

Je m'explique.

Qu'un Maître vraiment musicien se livre à l'enseignement avec conscience, c.a.d. moins par a--mour de l'argent que par amour de l'art ; qu'il se présente avec sa méthode particulière, j'y consens, et même je l'approuve en certains cas : mais qu'il ne tienne exclusivement à aucun système autre que celui d'étudier, avec la sollicitude éclairée d'un père de famille, les capacités et l'intelligence de ses élèves, pour donner ensuite à chacun d'eux la somme journalière d'instruction qui lui convient : et l'on verra si les progrès réels et solides que ce Maître fera faire, ne seront pas d'une étonnante rapidité !

Et cependant, il n'aura pas encore conduit ses élèves aussi loin que possible.... et la raison en est simple : c'est que, désirant plaire aux parents qui malheureusement le veulent ainsi pour laplupart, il n'aura pu développer l'instrumen- -tation qu'aux dépens de l'instruction théorique ; je ne crois pas me tromper en disant que le contraire n'arrive presque jamais.

Or, les progrès dont je viens de parler ne seraient- ils pas encore plus rapides, et surtout plus complets, si l'élève avait entre les mains un ouvrage à l'aide duquel il pourrait, dans l'intervalle des leçons, comprendre la technologie, l'origine et la raison d'arrangement des choses musicales, la corrélation intime et indispensable de ces choses entr'elles ? ___ Un ouvrage qui, s'il n'était pas encore assez clair pour pénétrer entièrement de trop jeunes intelligences, pût du moins être interprété sans effort par la mère de famille, musicienne ou non, qui l'expliquerait ensuite à des enfants avec cette persuasive douceur et cette angélique patience qu'une femme seule possède ?

Telle est la question que j'ai cherché à résoudre,

lorsque (dans l'intérêt de mes seuls enfants, je l'avoue) j'ai entre-
-pris cet essai, rassemblant tout ce que ma mémoire pouvait
me fournir de notions puisées soit dans les ouvrages anciens &
modernes qui s'étaient trouvés sous ma main à diverses époques,
soit dans les conseils de mes maîtres; soigneux, surtout, de ne
grossir mon butin à l'aide de mes propres réflexions, qu'avec
une réserve à laquelle, certes, mes lecteurs ne perdront pas le
moins du monde.

    Ainsi cette publication n'est, à proprement parler,
qu'une compilation plus ou moins judicieusement distribuée;
et pour me lancer, exempt de toute pensée vaniteuse, dans
une carrière que mille autres ont déjà parcourue avec succès;
— surtout maintenant, qu'une foule de professeurs habiles
s'occupent de l'enseignement, et que plusieurs méthodes ont
paru, et paraissent chaque jour, parmi lesquelles on en ren-
-contre de vraiment remarquables; — pour me lancer, dis-je,
dans la carrière, il faut que je sois intimement convaincu:

    1.° qu'il reste encore beaucoup à faire dans l'intérêt de l'en-
seignement musical.

    2.° que l'étude solide et raisonnée des principes élémentaires
peut seule disposer convenablement à celle de l'harmonie, cette
branche, élevée il est vrai, mais bien moins difficile à atteindre
qu'on ne le croyait naguères encore, et qui porte les plus délicieux
fruits de l'arbre de science musicale.

    3.° que tout n'est pas et ne saurait être dit par les profes-
seurs, au cours de la leçon, quelque soit d'ailleurs leur savoir.

4°., que les méthodes pèchent pour la plupart, celles-ci par une prolixité sèche et routinière, celles-là par le défaut d'ordre logique, d'autres par une exubérante brièveté; et que toutes, pour être bien comprises et fructueusement appliquées, réclament indispensablement le secours d'un guide intelligent et versé dans la théorie.

Je suis loin, assurément, de prétendre que mon ouvrage supplée à tout ce qui me semble manquer, ni qu'il explique tout ce qui est resté obscur en matière d'enseignement: mais du moins il résumera ce qui a été dit ou écrit de certain jusqu'ici; quelques points théoriques y seront présentés sous un nouveau jour; il peut, je crois, être compris en entier par les élèves et leur faciliter l'étude des principes de la composition. Enfin, ne servît-il qu'à alléger un peu la lourde tâche des professeurs, il sera toujours de quelque utilité.

À cette heure où, grâce à la paix (seule base du bonheur humanitaire), le perpétuel besoin d'action qui agite toute jeune et forte génération ne peut plus s'exercer que sur les sciences et les arts, et où, plus par la force même des choses et la marche du tems que par la volonté philosophique de l'homme, la plus intelligente comme la plus belle moitié du genre humain est enfin admise à participer aux bienfaits d'une éducation rationnelle: oh! puisque le goût de la Musique pénètre dans toutes les classes de la société, ne négligeons aucun moyen propre à le développer! Que tous ceux qui sont doués du sentiment musi-cal reconnaissent et disent hautement avec moi que la musique peut grandir l'âme sans l'étioler, l'adoucir sans l'amollir; et que l'art musical renferme d'inépuisables trésors de jouissances nobles et variées, et surtout si pures qu'elles semblent presque ne pas appartenir à la terre!

Je terminerai par une observation: c'est que cet ouvrage est disposé de manière à ce qu'on puisse, sans in-convénient, séparer ce que l'élève devra nécessairement savoir, d'avec ce qui ne servirait qu'à l'intéresser, soit sous le rapport philosophique, soit sous le rapport histo-rique: si cet élève a l'amour de la science, plus tard il revien-dra de lui-même à ce qu'il aura d'abord passé comme peu important pour son instruction élémentaire. — Du reste, je ne demande point grâce pour le style: il est ce que j'ai voulu qu'il fût, à tort ou à raison; j'ai pensé que, dans l'intérêt du plus grand nombre de mes lecteurs, la concision et l'élégance devaient céder le pas à la clarté, toutes les fois que ces trois qualités ne pourraient se prêter un mutuel secours.

Poitiers, 2 octobre 1843.

Première leçon.

De l'Art musical. — De la Musique et de son élément. — Des deux principaux modes d'action de l'art musical.

L'art musical est l'art d'arranger les sons d'après une connaissance parfaite de leur nature, de leur puissance, et des règles adoptées pour les combiner.

La Musique est l'effet produit par les sons arrangés ou combinés d'après la connaissance des règles (ou théorie) de l'art.

Le Son est l'élément de la Musique.

Le Son est le bruit produit par un corps mis en vibration par un autre corps qui l'a froissé ou frappé. — Il y a des bruits et par conséquent des sons de toute sorte; mais en matière musicale, on entend spécialement, par le mot Son, un bruit agréable, dont la nature est simple (ou plutôt paraît telle) et est facile à apprécier — Tel est celui que rend une corde de Piano frappée par le marteau destiné à la faire vibrer; tel, celui que produit une corde de Violon froissée par l'archet; celui que fait entendre une flûte, quand le souffle ébranle la colonne d'air contenue dans le tube de cette flûte; tel, enfin, le son de la voix humaine, le premier comme le plus parfait des instruments.

Les deux principaux modes d'action de l'art musical sont la Mélodie et l'Harmonie.

La Mélodie est l'effet produit par plusieurs sons entendus successivement: tel est, par exemple, un chant rendu par une voix seule, ou par une flûte.

L'Harmonie est l'effet produit par plusieurs sons divers, entendus simultanément; c'est, tantôt le concours de deux ou plusieurs mélodies, tantôt la mélodie mariée à plusieurs sons groupés en accords formulés d'après les règles de la composition.

Seconde Leçon.

⁓ Des Signes musicaux.

***

§. 1er.

Des Signes musicaux en général:

⁓ L'ensemble des Signes dont on se sert pour
écrire la musique, se nomme Systéme de représentation
des idées musicales.

L'histoire nous apprend que la Musique remonte
à la plus haute antiquité. —— Durant sa longue
enfance, elle ne consiste qu'en quelques chants guer-
-riers, populaires, ou sacrés. Pour la conservation
et la transmission de ces mélodies, la tradition fut,
vraisemblablement, le seul moyen employé: mais
nous ne savons rien de certain à cet égard; et les
seules notions à-peu-près positives que nous ayons
sur l'état de la musique ancienne, ne remontent
pas au delà des Grecs.

Ceux-ci ne connurent eux-mêmes que l'en

mélodie : " On remarquera, dit Choron, que, par
" le mot harmonie, sur le sens duquel tous les au-
" teurs sont d'accord, les anciens entendaient ce que
" nous nommons intonation ou arrangement des
" sons du système. "

L'harmonie, telle que je l'ai définie en la
précédente leçon, est une découverte moderne : elle
doit son origine à l'introduction de l'Orgue dans
les églises d'occident vers la fin du 8e. siècle de notre
ère [1].

Les grecs, je le répète, ne connurent donc
que la mélodie. Mais ils eurent un système
de représentation des sons ; système qui devait
être bien parfait, si la perfection naissait de la
multiplicité des signes, puisqu'il en comptait,
dit-on, jusqu'à seize cent vingt ! Ce nombre
est trop effrayant pour qu'on ne croie pas qu'il
a été fortement exagéré : [2] Mais, quoi qu'il

____

[1] " Ce fut….. sous le règne de Pépin, père de Charlemagne, que
" l'on commença à voir des orgues en Occident . En 757, l'empereur
" d'Orient (Constantin Copronyme) en envoya un à ce prince, qui en
" fit présent à l'église de Saint-Corneille, de Compiègne . L'usage
" ne tarda pas à s'en répandre dans toutes les églises de France, d'Italie
" en d'Angleterre . " [Choron, hist. abrég. de la Musique]

[2] Telle est l'opinion de Perne, cité par Choron qui semble être
du même avis. Voy. liv. 1er du manuel de Musique.

en soin à cet égard, il n'en demeure pas moins certain que le système grec était très compliqué.

Nous savons qu'il passa chez les Romains, mais nous ignorons s'ils le modifièrent sensiblement.

Méprisée sous la république, la Musique fut honorée sous les premiers empereurs; Mais elle déclina graduellement depuis la mort de Caligula jusqu'au 4.e siècle de notre ère: À cette époque, elle était dans un état de dégradation presque complet; et c'est à peine si quelques-unes de ses règles constitutives avaient pu, grâces aux Chrétiens, survivre aux dernières convulsions de l'empire et aux invasions des barbares.

C'est sur ces débris du système grec, que s'est élevé notre qui, après avoir subi de nombreuses modifications dont je dirai quelquefois un mot en passant, avait à-peu-près atteint, vers le commencement du 18.e siècle, le degré de simplicité presque parfaite où nous le trouvons aujourd'hui.

Les signes musicaux actuellement employés peuvent être rangés en deux classes, savoir: 1.e les signes <u>essentiels</u>, c. à. d. ceux qui sont indispensables pour écrire la musique —— Tels sont: les Notes; les Barres et les Crochets caractérisant la valeur de quelques unes des notes entr'elles; le Point; la Liaison; la Portée; les Silences; les Clés; le Dièze; le Bémol; le Bécarre; les Chiffres et les lettres consacrés à déterminer la mesure en sa division en tems égaux ; la Barre de mesure ; le Point-d'orgue ou couronne ; le Guidon ; —— 2°. En les signes *accessoires*, ou signes qui ne servent qu'à donner de l'expression à la musique écrite, ou à en abréger l'écriture ; tels sont : les signes de renflement et de diminution des sons ; le Renvoi ; la reprise ; les lettres et les mots spécialement adoptés en certains cas, les abréviations etc.

Nous allons allons nous occuper successivement de ces différens signes dans chacun des paragraphes suivans.

§. 2.

Des Notes.

Les Notes sont des signes exclusivement consacrés à la représentation des sons. —— Dans l'origine, les sons étaient représentés par les lettres de l'alphabet.

Les Grecs les employaient toutes, non seulement dans leur position naturelle, mais encore en les renversant de diverses façons, les tronquant, les doublant, triplant etc.

C'était là une des principales causes de la complication de leur système.

Au 6.e siècle de notre ère, le pape Grégoire-le-grand, après avoir substitué les caractères romains aux lettres grecques, restreignit l'usage de l'alphabet aux sept premières; A, B, C, D, E, F, G. —— Ainsi, dès-lors était reconnue cette double et importante vérité: 1.° Il n'y a que sept sons principaux (1) 2.° Tous les autres sons, audelà du septième, ne sont que la répétition de ces sept premiers.

Les sept lettres de St Grégoire continuèrent d'être en usage jusque dans le cours du onzième siècle. Alors, le savant bénédictin Gui (ou Guido) d'Arezzo, substitua, aux lettres C, D, E, F, G, A, les syllabes ut, ré, mi, fa, sol, la, qui correspondent à ces lettres dans l'ordre cidessus, et qu'il avait trouvées, rangées de la même manière, dans un hymne à St Jean (2). —— On continua d'employer la lettre B. (3)

---

(1) Cinq de ces sons peuvent se diviser chacun en deux parties sensiblement égales, comme nous le verrons plus tard.

(2) Cet hymne se trouve dans le Dictionnaire de Musique de J.J. Rousseau.

(3) Les N.ºs 8 et 9 Du Dilettante (journal que j'ai réuni à la gazette musicale en Janvier 1834) contiennent un article dans lequel M. De l'ouvrage traite de la découverte faite par Gui et de la méthode de cet homme célèbre. J'engage mes lecteurs à lire ce travail, qui est le résumé le plus intéressant que j'aie trouvé sur cette matière.

Pour représenter les syllabes qu'il venait de substituer aux lettres, Gui adopta des points qu'il plaça sur des lignes horizontales dès-lors employées, origine de la portée actuelle dont nous parlerons N. 3.. de cette leçon.

Pendant longtems, les Notes furent toutes d'égale durée.(1) À mesure que l'intelligence et le goût se développèrent, on sentit les désagrémens inséparables de cette uniformité; en vers la fin du 13e. siècle, selon l'opinion reçue, on imagina de faire, dans la figure des points-notes de Gui d'Arrezzo, des changemens indiquant les rapports de durée de ces notes entr'elles. Ce perfectionnement est constaté par le chanoine-docteur Jean de Muris auquel on l'a faussement attribué.

Enfin, vers les dernières années du 16e. siècle, la substitution de la syllabe Si à la lettre B, vint donner à la notation le caractère d'uniformité qui lui avait manqué jusques-là.

Ce sont, à quelques changemens près, les notes usitées dès le 14e. siècle, que nous employons aujourd'hui.

Nos notes se rapportent toutes à une seule, la Ronde. Le tableau ci-après indique tour-à-la-fois

---

(1) Elles éprouvaient bien, par le fait, une légère modification de durée: mais leur figure ne l'indiquait pas; et elles ne devaient cette modification qu'aux paroles auxquelles elles s'adaptaient, et qui étaient composées de syllabes longues et brèves.

la valeur de chaque espèce de Notes, soit entr'elles, soit com-
-me fractions de la Ronde, en les noms qu'elles portent en
tant que valeurs comparatives ; car, en tant qu'elles
représentent les sons, elles n'ont point de nom fixe:
c'est la Clé à laquelle elles sont soumises, ainsi que
nous le verrons § 8.ᵉ de cette leçon, qui leur attribue tel
ou tel nom, emprunté aux syllabes Ut, Ré, Mi, &.ᵉ

Figure des Notes, avec
leur nom tiré de leur valeur com-
-parative.

(1) cette note aujourd'hui la plus considérable en valeur &c.

Puisqu'une Ronde a la valeur de deux Blanches, une Blanche la valeur de deux Noires &c... avec un peu d'attention, mes jeunes Lecteurs arriveront facilement à savoir combien une Ronde, ou une Blanche, valent de Croches, simples, doubles, triples ou quadruples.

On pousse rarement les subdivisions plus loin que la quadruple-croche; cependant, les quintuples s'emploient quelquefois, dans les mouvemens lents[1].

Les Crochets ou les barres adaptés à la queue des Notes à partir de la Croche, sont ceux dont j'ai parlé en

---

durée), ne tenait autrefois que le quatrième rang : elle avait au-dessus d'elle,

1°. La Maxime ▬▬ ou ▭▭ , qui valait deux longues (8 rondes).

2°. La Longue ▬ ou ▭ , qui valait deux brèves (4 rondes)

3°. La Brève ▬ ou ▭ , qui valait deux demi-brèves (2 rondes).

or, la demi-brève se figurait ainsi ◆ ou ◇. Telle était donc aussi la Ronde, qui ne doit son nouveau nom qu'à l'altération de sa forme primitive. La Blanche actuelle se nommait minime.

De ce que nos pères employaient des notes d'une valeur plus considérable que celle des notes actuelles, il ne faut pas conclure qu'ils exécutaient leur musique ▬▬ beaucoup plus lentement quon ne le fait maintenant : leurs mouvemens étaient à-peu-près les mêmes.

(1) On entend, par Mouvement, le degré de lenteur ou de vitesse avec lequel doit être exécutée une pièce de musique. Le Mouvement est toujours indiqué au commencement de la pièce, par les mots ou les chiffres dont nous parlerons plus loin

indiquant les signes musicaux en général : leur usage est
clairement indiqué par le tableau.

En disant qu'une Ronde a la valeur de deux blanches, une
Blanche la valeur de deux noires, — J'entends, par ce mot valeur,
exprimer le rapport de durée des notes entr'elles. Ainsi, par exemple,
si Marie chante une Blanche en même tems que Louise chantera
deux Noires et Louis quatre Croches, Marie devra prolonger le son
de sa blanche autant de tems qu'il en faudra à Louise pour
faire entendre ses deux noires, et à Louis pour faire entendre ses
quatre croches.

En d'autres termes : la Blanche vaudra le chiffre 4 ; chacune
des noires vaudra le chiffre 2, et chacune des croches le chiffre 1. — Et
si, appliquant ces nombres au tems ou à la durée, nous prenons
la Seconde[1] pour unité ; nous conclurons que la blanche durera
4 secondes, chaque noire 2 secondes, et chaque croche 1 seconde ; et
que, de même qu'il y a identité entre 1 fois 4, 2 fois 2, et 4 fois 1, de
même chacun de nos chanteurs devra remplir sa tâche dans l'es-
-pace de 4 secondes :

---

(1) Une Seconde est la 60ᵉ.. partie d'une minute.

§. 3.

De la Portée.

On nomme Portée l'assemblage de lignes ci-après.

5. ___________________
4. ___________________
3. ___________________
2. ___________________
1. ___________________

Les lignes se comptent de bas en haut, comme elles sont chiffrées ci-dessus.

C'est sur la Portée que se placent les Notes et la plupart des autres signes essentiels. Les interlignes sont employés aussi bien que les lignes.

Comme tous les instrumens, et même la voix humaine, ont une étendue telle que la somme des notes qu'ils peuvent rendre dépasse les limites de la Portée, on ajoute à celle-ci de petites lignes supplémentaires, en dessus comme en dessous. Mais, afin de prévenir toute confusion, ces lignes sup-plémentaires ne sont tracées qu'aux endroits où les notes l'exigent.

A la venue de Gui d'Arezzo, la portée comptait autant de lignes qu'on employait de notes parcequ'on n'avait

pas encore imaginé d'utiliser les interlignes. Mais qui
eut cette heureuse idée, qui lui permit de réduire les lignes
de la portée, d'abord à 8, puis à 4 pour le plain-chant, seul
genre de musique d'alors.

---

§. 4.

Du Point et de la Liaison.

Le Point est un petit signe pareil à celui qui, dans
le discours, se place à la fin d'une phrase. Mais en musique,
sa signification est toute différente, car il sert à prolonger
la durée de la note à la droite de laquelle il se trouve. — Nous
verrons bientôt à quels signes il appartient de suspendre le cours
des phrases musicales.

On ne connaît pas d'une manière certaine l'époque à laquelle
remonte l'origine du point. Nos aïeux en employaient six ;
dont l'un, appelé point de perfection, avait quelque analogie
avec le nôtre (voy. le dict. de Mme de J. J. Rousseau, v° point).

Le Point, placé à la droite d'une note, aug-
-mente cette note de la moitié de sa valeur ou durée pri-
-mitive. Ainsi, comme il est indiqué en l'exemple suivant,

une Ronde pointée vaut trois Blanches &c&c.

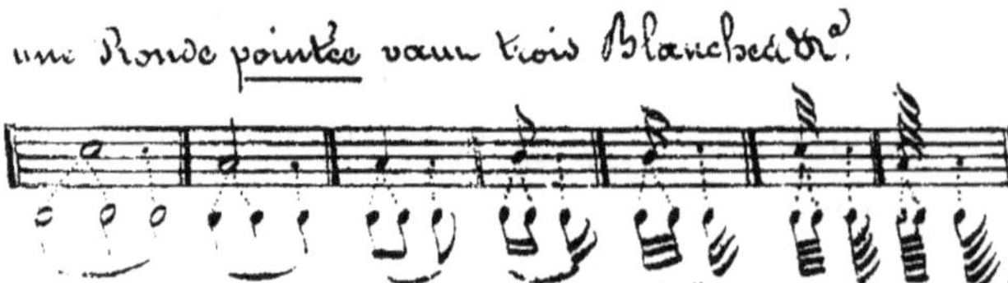

Un second Point, placé à la droite du premier, vaut la moitié de celui-ci: une blanche, suivie de deux points, vaut donc trois noires et une croche. — voyez l'exemple ci-après.

On peut employer de suite trois et même quatre points, dont la valeur va toujours décroissant de moitié, de gauche à droite, comme ci-dessus: mais ce cas se présente rarement.

Le signe ‿‿‿‿‿ qui accompagne les notes inférieures des exemples précédens, se nomme liaison: c'est qu'en effet il lie les notes entr'elles, de telle sorte qu'elles se chantent comme si elles n'en formaient qu'une. — La liaison peut donc remplacer le point: Il en est ainsi dans quelques circonstances que je ferai connaître,[1] et c'est pour

____

[1] J'en donnerai des exemples dans la leçon synthétique qui terminera cet ouvrage. — Ici je dois me borner aux explications strictement nécessaires, afin de ne pas fatiguer inutilement mes jeunes lecteurs.

cela que je l'ai placée parmi les signes essentiels, car elle appartient tout aussi bien aux signes d'expression.

Dans ce dernier cas, 1°. si les notes sont sur la même ligne ou sur le même interligne, elles semblent, à l'exécution, n'en former qu'une: je viens de le dire.

2°. si les notes sont placées sur des lignes ou interlignes différens, elles s'exécutent du même coup de gosier, en les coulant, c.à.-d. sans les heurter les unes contre les autres comme il arrive lorsqu'on les détache ——— ou du même coup d'archet, si elles doivent être rendues par un instrument de la famille du violon ——— ou sans relever les doigts aussitôt qu'on les a frappées, si elles sont exécutées sur le piano.

---

§. 5.

De la Barre de mesure.

On nomme Barres de mesure, de petites lignes que l'on pose verticalement sur la Portée, pour séparer les notes les unes des autres en en formant des Mesures (voyez les

Je traiterai spécialement des différentes espèces de Mesures : mais je dois donner ici quelques explications, afin de faire comprendre pourquoi la Barre de mesure est ainsi nommée.

Mes jeunes lecteurs savent que dans toutes les pièces de musique —— dans les airs de danse, par exemple, —— les sons se succèdent avec plus ou moins de rapidité, mais toujours avec un mouvement cadencé que chacun suit en marque, instinctivement pour ainsi dire, dans des périodes courtes et égales : C'est ce qu'on appelle *marquer*, *battre*, ou *frapper la mesure*.[1]

Or, les petites lignes ou barres dont nous nous occupons, sont tracées pour indiquer quand il faut battre la mesure ; et pour cela, on les place immédiatement avant la note sur laquelle la mesure doit être battue : ainsi, dès que l'on a rencontré une petite barre en qu'on a aussitôt frappé la mesure sur la note qui suit, —— quelque soit le nombre des notes qui se trouvent ensuite ; —— la mesure

---

(1) *battre la mesure*, ou *frapper la mesure*, sont deux locutions synonymes ; la première est plus usitée que la seconde.

Mais *marquer la mesure*, c'est, spécialement, la faire sentir en la divisant en tems (ou parties) bien égaux, en exécutant une pièce de musique. C'est lorsque l'exécutant marque bien la mesure, que des auditeurs peuvent la suivre et la battre avec précision.

ne doit être battue de nouveau que lorsqu'on rencontrera une autre barre.

J'ai dit, § 2 de cette leçon, que toutes les notes avaient entr'elles des rapports de durée exacts ; — j'ai parlé, en terminant, de trois sortes de notes que trois personnes chanteraient en même tems, et j'ai déterminé la durée de chaque espèce de notes chantées : l'exemple suivant, dans lequel j'emploie les mêmes notes en la même unité de durée (la seconde), va fournir l'application de ce que j'ai dit alors. Je suppose, ici, que chacun de nos chanteurs doit faire entendre les trois espèces de notes.

La somme de durée de la Blanche, qui seule remplit toute la mesure, étant fixée à 4 secondes, il est clair, 1°. que chacune des barres 2, 3, 4 indique le retour de la période de 4 secondes ; 2°. que ce retour oblige nos chanteurs à battre de nouveau la mesure, qu'ils ont déjà battue sur la barre chiffrée 1. 3°. que, puisqu'ils ont commencé ensemble, c.-à-d. en même tems, ils doivent continuer et finir ensemble, et par conséquent, battre la mesure ensemble.

____

(1) C'est avec intention que j'ai prolongé les barres de mesure d'une

En résumé : les barres de mesure sont ainsi nommées, parcequ'elles renferment entr'elles la mesure du temps durant lequel doivent être exécutées les notes relativement à leur figure et au mouvement(1) de la pièce de musique.

---

§. 6.

Des Silences.

Les signes appelés silences, sont à la musique ce que le point et la virgule sont au discours.

Ils doivent leur origine à la nécessité de suspendre le cours des sons, dans l'exécution d'une pièce de musique, soit pour produire plus d'effet, soit pour le repos des exécu-tants : — Ainsi, le nom générique donné aux signes dont

---

portée à l'autre, et que j'ai lié les trois portées par une accolade : Mes lecteurs sauront dès-à-présent qu'on en use toujours ainsi lorsque l'on a mis plusieurs parties destinées à être exécutées ensemble, ou, ce qui revient au même, lorsque l'on écrit une partition.

(1) voy. la note de la page 20.

nous nous occupons, exprime que l'exécutant doit faire silence dès qu'il arrive à l'endroit où ces signes sont placés.

Tout le monde a remarqué que souvent, dans un orchestre, des voix ou des instruments se taisent pendant que d'autres se font entendre, et que néanmoins, en de certains moments, tous reprennent ensemble avec une parfaite précision: Cela tient à ce que les silences ont une durée relative à celle des notes. La valeur des unes a été mesurée sur celle des autres; en dès qu'on s'occupa d'harmonie, surtout, il n'y pouvait être autrement.

Les signes de silence sont au nombre de dix.

Huit d'entr'eux répondent aux huit valeurs que présentent la Ronde en ses divisions, savoir:

1° la Pause ⸻ : elle équivaut à ○ ⸻
Elle désigne aussi le silence à observer durant toute une mesure quelle qu'elle soit.(1)

2° la Demi-pause ⸻ : elle équivaut à ♩ ⸻
(Je prie mes lecteurs de bien remarquer comment la

(1) ainsi que nous le verrons en traitant spécialement des Mesures; il y en a de plusieurs sortes, c.à.d. qui sont remplies autrement que celle dont je me suis servi dans le § précédent.

Pause et la Demi-pause sont placées sur la Portée : c'est ainsi qu'elles se placent toujours.)

3°. Le Soupir  : il équivaut à ♩

4°. le demi-soupir :  équivaut à ♪

5°. le quart-de-soupir :

6°. le 8ᵉ de-soupir :

7°. le 16ᵉ de-soupir :

8°. le 32ᵉ de-soupir :

S'il arrivait (bien que cela se pratique fort peu) que quelqu'un de ces silences fut suivi d'un point : ce point aurait alors la même influence que sur une note, c.à.d. qu'il augmenterait le silence de la moitié de sa valeur ou durée naturelle,

(On peut employer, comme après les notes, deux et même plusieurs points consécutifs).

Le neuvième et le dixième silences tirent leurs rapports de durée des anciennes notes : l'un est le bâton de deux pauses, équivalant à la Brève (voy.

page 20') ; L'autre est le bâton de quatre pauses, correspondant à la Longue.[1]

9°. Bâton de deux pauses :  Il indique qu'il faut observer le silence durant deux mesures de suite.

10°. Bâton de quatre pauses :  Il indique que l'exécutant doit garder le silence pendant la durée de quatre mesures consécutives.

Lorsque l'on doit observer le silence durant plus de quatre mesures, on l'indique en employant plusieurs des signes précédents ; et pour éviter toute méprise, on place, au-dessus de ces signes ainsi réunis, des chiffres qui expriment le nombre de mesures à compter.[2] — L'expression du silence de 3 mesures se rend par deux signes.

Nous aurons, bien longtemps encore, à exécuter des œuvres de musique où se trouvent des signes groupés comme ceux des exemples ci-dessus : c'est pourquoi j'engage mes jeunes lecteurs à se pénétrer de la signification de chacun de ces exemples. Mais

(1) Nos bons aïeux employaient encore un silence équivalant à la Maxime, c.à.d. 8 de nos rondes : il se figurait comme le bâton de 4 pauses, mais il occupait un interligne de plus. Il est depuis longtemps abandonné.

(2) Il faut retenir cette expression, qui signifie à passer en gardant le silence.

on le voir: sans le secours des chiffres, il sera difficile, même au lecteur exercé, de saisir au premier coup-d'œil le nombre exprimé par les signes eux-mêmes; — ainsi l'on peut dire que les chiffres seuls sont réellement utiles.

Je recommande donc, par voie de conséquence, la pratique suivante, déjà adoptée par plusieurs copistes et graveurs:

Lorsque l'on aura à indiquer un nombre considérable de mesures à compter, on tirera en diagonale un ou deux traits que l'on surmontera d'un chiffre indicateur.

Exemple:

§. 7.e

Du Point-d'orgue.

Le Point-d'orgue, quelquefois aussi nommé Couronne à cause de sa forme que voici: ⌢ , est un signe qui sert,

1.° à indiquer un repos plus ou moins long. — Ici, le mot repos est employé comme synonyme de *prolongation* de la durée d'une note.

2.° à indiquer un arrêt. — Ici, le mot arrêt veut-dire *prolongation* de la durée d'un silence.

Le Point-d'orgue doit son nom à ce que « dans l'origine, dit Ch. Bechreny, l'orgue soute- » nait la note sur laquelle avait lieu le repos, » tandis que le chanteur brodait les ornemens » que lui suggérait son goût ou son caprice. »

Employé comme Point-de-repos, le Point -d'orgue se place sur toutes les notes, mais le plus ordinairement sur celles que nous connaîtrons plus tard sous les noms de *tonique* et de *dominante*.

Employé comme Point-d'arrêt, il se place sur tous les Silences.

Mais, quelque soit son emploi, sa durée n'a pas de limites fixes; il se prolonge selon le caractère de la pièce dans le cours de laquelle il se trouve.

Néanmoins, quelques professeurs (1) enseignent que le Point-d'orgue doit imprimer, à la Note ou au Silence qu'il surmonte, une durée au moins triple de la durée naturelle. — J'approuve cette doctrine, pour les mouvements gais ou vifs, et pour les notes ou les Silences d'une valeur inférieure à celle de la Ronde.

Mes lecteurs donneront donc, au signe qui nous occupe, le nom de :

1°. Point-d'orgue, pour désigner sa figure.

____

(1) De ce nombre est mon Maître et mon ami A. Elwart, professeur d'harmonie au Conservatoire.

2°.. Point-de repos, pour exprimer qu'il est placé sur une note.

3°. Point-d'arrêt, quand il sera placé sur un silence

On donne, par extension, le nom de Points-d'orgue à des traits qui suivent un point de repos, et que les artistes exécutent avant de reprendre le cours du morceau de musique. Quelquefois, ces traits ne sont point écrits : alors, ils sont dus à l'inspiration de l'exécutant — et dans ce cas, il est rare qu'ils n'aient pas quelque chose de défectueux, à moins qu'ils ne soient improvisés par l'auteur même du solo.

Lorsque ces traits sont écrits — ce qu'un auteur ne doit pas négliger s'il tient à ce que sa pensée ne risque souvent d'être étouffée sous des oripeaux de mauvais aloi — lorsque ces traits, dis-je, sont écrits, c'est en petites notes qui ne sont pas plus assujetties à la mesure que le Point de repos lui-même.

§. 8.

Des Clés.

On nomme Clés, les signes suivans :

$$\text{(clef de fa)} \quad , \quad \text{(clef d'ut)} \quad , \quad \text{(clef de sol)} \quad .$$

Ils se placent au commencement de la Portée,

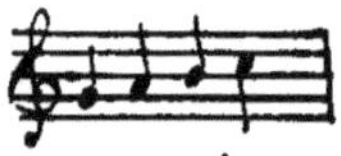

1°. afin de déterminer le rang que cette portée occupe sur le Clavico-général ;

2°. et pour nommer les notes qui sont écrites sur cette même portée.

Quelques explications sont indispensables pour faire comprendre cette définition.

1. Nous nommons Clavico-général, (par métonymie) la somme, ou l'ensemble, des sons employés dans notre Système : c'est parceque le clavier de l'Orgue, et celui du piano, sont composés de touches dont chacune représente un

produit un son. Ces touches s'appelaient anci-
-ennement clés, et c'est à ce nom que leur
réunion a emprunté celui de Clavier, c.à.d.
lieu où se placent les clés.

Le système moderne comprend tous les
sons appréciables à l'oreille, depuis le plus grave
jusqu'au plus aigu (1). Le Clavier des pianos actuels
est assez étendu pour donner une idée exacte du système
à mes lecteurs.

---

(1) Dans le sens absolu : On nomme Sons graves, des
sons bas et profonds, tels que ceux produits par les grosses
voix d'homme et les grands instruments — Contrebasse,
Violoncelle, Grosse-caisse, &c.. ; et Sons aigus, ceux
que rendent les voix de femmes et d'enfant et les
petits instruments tels que le Violon, le hautbois, la
flûte &c.

S'il m'était permis de hasarder mon opinion, je
dirais : Que les sons graves ont reçu cette qualification
parcequ'ils ont un caractère grave, religieux et solennel,
qui porte au recueillement et inspire de grandes et
sérieuses pensées. — Que les sons aigus doivent leur
qualification à ce qu'ils sont perçants, pénètrent l'oreille
et semblent appeler le mouvement et la gaîté.

Il est une troisième espèce de sons, desquels

II. Dans le sens spécialement propre au sujet que nous traitons ici, On nomme cla-vier-général, une grande portée sur laquelle on réunit les trois clés, et que je vais bientôt

---

je dois aussi parler : ce sont ceux du medium (ou du milieu), c'est-à-dire qui tiennent le milieu entre les sons graves et les sons aigus : tels sont ceux que rendent les voix d'homme ordinaires, appelées Ténor, et divers instruments, notamment l'alto ou viole. — Les voix et les instruments du Medium, auxquels il me semble spécialement appartenir de faire naître ou d'exprimer des pensées mélancoliques et douces, embrassant à la fois une partie de l'échelle des sons graves et une partie de celle des sons aigus, peuvent aussi exprimer, avec une heureuse facilité, les pensées sérieuses comme les pensées gaies et légères.

connaître à mes Lecteurs.

III. Anciennement, tous les sons étaient renfermés dans une grande portée qui se nommait, avec raison, Diagramme,[1] puisque les notes ne s'écrivaient que sur les lignes. L'abandon de cette portée est sans doute la cause de la substitution de la dénomi-nation de Clavier-général à celle de diagram-me.

IIII. L'ensemble des sons employés du tems de Gui d'arezzo, s'élevait à 22. c'est-à--dire que les sept sons principaux [2] étaient répétés trois fois de suite, dans l'ordre diatonique, [3]

---

[1] du grec Dià, par, Gramma, ligne.

[2] voy. page 17, note 1re.

[3] du grec Dià, par, Tonos, τον. Ici, le mot τον est synonyme de son. —— Suivre l'ordre diatonique, c'est aller successivement de l'un à l'autre des sept sons. Partir du plus grave pour aller à l'aigu, c'est suivre l'ordre diatonique ascendant; c'est la marche la plus naturelle. On suit l'ordre diatonique descendant, lorsque l'on part du son le plus aigu pour revenir vers le plus grave.

avec les lettres en de la manière ci-après:

3. . . . . aaa

ff gg

dd . ee

bb cc

2. . . . . aa

f g

e

d

c

b

1. . . . . a

G

F

E

D

G

B

A

Qui augmenta ce clavier-général, ou dia-
-gramme,

1°. au grave, d'une note qu'il désigna par le gamma
(lettre g) des Grecs. Mes lecteurs ne doivent pas oublier
cette particularité.

2°. à l'aigu, de quatre notes, ou lettres, qui suivirent
diatoniquement celles déjà usitées.(1)

Le clavier-général aurait donc alors

(1) ces détails sont puisés dans l'histoire abrégée de la musique
de notre savant Choron. je n'ai rien trouvé qui les contredît.

compris 27 lignes, notes ou cordes [1]. Mais Gui sentit l'impossibilité de se servir d'une semblable portée : comme nous l'avons déjà dit, il la divisa en petites portées de 8, puis de 4 lignes, et employa les interlignes (voy. page 18).

V. Gui, je l'ai dit également, remplaça les lettres par des points (que plus tard il nomma Ut, Ré, Mi, Fa, Sol, en le). Je me hâte d'ajouter que ce changement de notation ne se fit que dans le cours des lignes et que, pour faire mieux comprendre la signification de ces points, notre savant bénédictin laissa une lettre au commencement de chaque ligne. Cette lettre ainsi laissée fut <u>la Clé</u> de la note nouvelle.

VI. Les travaux des successeurs de Gui, la classification des diverses espèces de voix, en l'expérience, amenèrent successivement la réduction des lettres ou clés à trois, qui sont celles figurées au commencement de ce §, en sorte on ne plaça plus qu'une à chaque portée.

La première de ces clés, 𝄢 (F) fa, est assignée

---

[1] Ces trois expressions sont synonymes. Nous les retrouverons plus tard.

aux sons gravés, voix ou instrument.

La seconde, 𝄢 (K ou C) ut, régit les sons du medium.

La troisième, 𝄞 (G) sol, régit les sons aigus. (1)

Si le Diagramme, ou Clavico-général, a totalement disparu, dans la pratique, sous son fractionnement ingénieux en portées usuelles : Il conserve toute son importance en Théorie. —— Appuyé sur des bases nouvelles par l'emploi des interlignes, il est l'échelle régulatrice de la position des clés entre elles et par rapport à la gravité des sons qu'elles régissent.

Je dis de la position des clés entr'elles : c'est qu'en effet les clés de fa et d'ut s'emploient à plusieurs positions. Celle de sol avait, il y a peu d'années encore, deux positions, dont l'une a été

---

(1) L'altération de la forme primitive de ces lettres ou clés, n'empêchera pas mes lecteurs de les reconnaître dans les caractères gothiques. On sait, d'ailleurs, relativement au K, que nos aïeux employaient cette lettre à la place du C.

définitivement abandonnée. Mais voyez le Clavier
général ci-après.

Je le présente sous un double aspect:
1°. dans son ensemble, comme Portée mère, si je
puis m'exprimer ainsi. — 2°. Fractionné en portées
usuelles..

1°.

Clavier-général.

Les lignes du Clavier-général se comptent
du grave à l'aigu, comme celles de la portée usuelle.

2°.

Fractionnement en Portées usuelles, selon
les trois positions ci-dessus.

Ce premier fractionnement présente les positions de clés les plus fréquemment employées aujourd'hui; mais il est loin d'être complet, et c'est à celui qui suit, que nous devons particulièrement nous attacher.

3°.

Clavier-général divisé en sept portées usuelles.

(1)

1re 2de 3e 4e 5e 6e 7e

(1) Vers le milieu du dernier siècle, on employait encore la clé de sol placée sur la 1re ligne, ce qui donnait une 8e position, et par conséquent une 12e ligne au clavier-général. Cette 12e ligne a dû disparaître, dès l'instant où l'on a abandonné la clé de sol 1re ligne, position inutile par le motif, entr'autres, qu'à ce elle est identique à celle de la clé de fa sur la 4e ligne, bien qu'elle (la clé de sol 1re ligne) représente les sons les plus aigus du système, tandis que la clé de fa 4e ligne en représente les plus graves.

Le Clavier-général renferme donc, dans ses onze lignes, sept portées usuelles, et conséquemment sept positions de clef, grâces auxquelles on peut employer toutes les voix, que le timbre en soit plus ou moins grave, plus ou moins aigu; Et c'est principalement là ce qu'on a voulu.(1)

Remarquez que chacune des positions de clef, à partir de la 2de., perd une ligne au grave, et la gagne à l'aigu: il suit de là que chaque position est plus élevée, de trois sons (ou d'une Tierce), que celle qui la précède immédiatement.

Il ne me reste que peu de choses à dire pour compléter les notions actuellement nécessaires à mes Lecteurs.(2)

Ils savent déjà que les sept sons principaux sont représentés par les Notes qui sont, elles-mêmes,

---

(1) On ne doit considérer ces instruments qu'à un point de vue secondaire: ils peuvent, n'importe leur nombre, se renfermer dans les trois positions de clef indiquées au Fractionnement N°. 2.

(2) Quelqu'étendues que puissent être les connaissances musicales de quelques-uns d'entr'eux, je ne puis, sous peine de manquer mon but, leur en supposer d'autres que celles qu'ils ont puisées dans cet ouvrage.

désignées par les syllabes Ut, Ré, Mi, Fa, Sol, la, en Si : (1)

Or, de ce que les Clés servent à nommer la Note placée sur la même ligne qu'elles, il suit que le nom d'une des sept notes étant fixé, les six autres se trouvent irrévocablement nommées aussi, suivant le rang qu'elles occupent sur la portée.

Exemples :

Ces explications suffisent, je crois, pour faire comprendre la définition donnée au commencement de ce paragraphe, et que je reproduis ici.

"On appelle Clés, des signes qui se placent au

---

(1) Je range ces syllabes selon leur ordre naturel (voy. Note 3, ..., 3).

„ au commencement de la Portée, pour déterminer le rang,
„ (ou le degré d'élévation) que cette portée occupe sur le clavier-
„ général, en nommant les notes écrites sur cette même
„ Portée. „

Je donnerai, en parlant de la gamme et des divers espèces de voix, le développement des notions générales qui précèdent; et je terminerai ce §. par les observations suivantes :

1°. L'utilité des sept positions de clés est depuis long-tems contestée par des Musiciens de mérite, tandis que d'autres, se cramponnant quand même à l'ancien clavier-général, ont amèrement déploré la suppression de quelques-unes de ces positions, notamment celles de la clé de fa sur la 5e. ligne, et celle de la clé de sol sur la 1re. ligne.

Pour moi, je pense que les deux positions regrettées ont été abandonnées avec raison; elles formaient un double emploi inutile : je l'ai déjà dit en parlant de la clé de sol. — mais que, si l'on supprime les unes ou les autres des positions conservées jusqu'ici, et qui sont justement en nombre égal à celui des notes, on rend impossible toute transposition.(1)

---

(1) On nomme transposition, l'action d'élever ou d'abaisser le ton d'une pièce de musique, pour l'approprier au timbre et à l'étendue de la voix du chanteur. Je donnerai des exemples de transposition en tems convenable.

Cette considération me semble, à elle seule, assez
puissante, non seulement pour éloigner toute idée de
nouvelle réduction, mais encore pour convaincre de leur
tort ceux qui pensent qu'il suffit de se familiariser avec
les trois positions indiquées au fractionnement N°. 2.
Mes jeunes Lecteurs reconnaîtront, lorsque je parlerai
des diverses voix, la nécessité qu'il y a, pour un musicien,
de connaître toutes les positions, et particulièrement
celles de la clé d'ut.

2°. Cette même clé varie dans sa forme : tantôt
on la figure ainsi 𝄡, et tantôt ainsi 𝄡, mais cette
dernière forme est la moins usitée.

§. 9.

Du Dièze, du Bémol et du Béquarre ; Du double-dièze, et du double-bémol.

Je dois, comme je l'ai fait pour les Clés, donner ici quelques explications préliminaires, dans le but de faire bien comprendre l'effet des signes auxquels ce § est consacré ⸺ et j'engage mes Lecteurs à suivre ces explications sur le clavier d'un piano.

1. Ainsi que je l'ai dit page 17, note 1ʳᵉ, cinq des sept sons principaux sont susceptibles de se diviser chacun en deux parties [1] : les sons ainsi divisibles sont :

Ut,
Ré,
Fa, } en suivant l'ordre diatonique ascendant
Sol,
La,

---

[1] on peut même les diviser en trois parties, comme nous le verrons à la fin de ce paragraphe.

$$\left.\begin{array}{l} \text{Si,} \\ \text{La,} \\ \text{Sol,} \\ \text{Mi,} \\ \text{Ré,} \end{array}\right\}$$ en suivant l'ordre diatonique descendant.

2. Entre les différens intervalles employés en Musique, deux seulement doivent fixer à présent notre attention : l'un est le Ton entier, l'autre, le demi-ton.

On nomme Ton entier, Ton plein, ou simplement Ton, l'intervalle qui se trouve de l'un à l'autre des cinq sons que je viens de nommer. Il faut, du reste, remarquer que je prends ces sons sur les touches blanches du clavier, et par conséquent dans leur état naturel.

Les touches noires qui se trouvent entre les touches blanches, indiquent la divisibilité des sons plus haut nommés

On nomme Demi-ton, chaque moitié d'un ton plein.

Si, après avoir fait résonner la touche blanche UT, vous faites parler la touche noire qui suit immédiatement, vous obtiendrez un son qui, comparativement à celui rendu par la touche blanche, sera un demi-ton. — non pas un demi-ton tel que le rendrait la voix humaine, mais un demi-ton mathématique. Je vais expliquer en quoi consiste la différence que je fais remarquer ici.

3. On est généralement convenu de diviser le Ton entier en neuf parties égales appelées commas : le comma[1] est donc la 9e partie d'un ton.[2]

Rigoureusement parlant, un demi-ton doit donc être composé de quatre commas et demi. C'est ainsi qu'il est fixé sur le piano : j'en dirai la raison un peu plus loin.

Le demi-ton de 4 commas ½ est, vous le voyez, le demi-ton mathématique.

Mais le demi-ton vocal (c.à.d. celui que rendrait la voix humaine, ainsi que je le disais tout-à-l'heure) n'est point de 4 commas ½ : il est tantôt de 5, tantôt de 4 commas. —— De 5 commas, il se nomme demi-ton majeur; —— de 4, demi-ton mineur.

---

(1) Comma, en grec, signifie incise, membre de phrase. L'appropriation de ce mot à la division du ton musical n'est peut-être pas très facile à justifier à priori.

(2) On conçoit que cette division ne saurait avoir de résultats auriculaires bien précis; et je crois que l'on peut, sans crainte, défier l'oreille la plus délicate, de déterminer précisément de quelle quantité de commas sont éloignés l'un de l'autre deux sons qui ne sont pas parfaitement justes entr'eux.
Mais on peut l'admettre sans difficulté par rapport au demi-ton; parce qu'alors elle a pour résultat final de constater la différence, bien légère sans doute, mais réelle, qui existe entre le demi-ton majeur et le demi-ton mineur.

Le demi-ton majeur est essentiellement naturel. Je reviendrai sur cette proposition après avoir fait connaître le dièze et le bémol.

—— Du Dièze. ——

Le Dièze, qui se figure ainsi ♯, sert à élever [1] le son naturel de la note à la gauche de laquelle il est placé. L'altération qu'il fait subir à cette note est d'un demi-ton majeur. [2]

Exemple :

—— Du Bémol. ——

Ce signe, que voici, ♭, sert à abaisser [3] d'un demi-ton majeur le son naturel de la note à la gauche

---

(1) c'est à dire „à rendre plus aigu „

(2) Il serait superflu de dire que ceci est de principe général et ne saurait s'appliquer au piano ni aux autres instruments à sons fixés.

(3) C. à. d. „à rendre plus grave „.

de laquelle il se trouve.

Exemple:

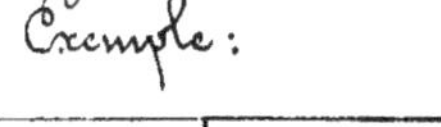

J'ai dit, un peu plus haut, que le demi-ton majeur était essentiellement naturel: C'est qu'en effet, il est dans la nature même de l'homme de faire entendre cet intervalle un peu plus grand qu'il ne devrait l'être suivant la division mathématique. Que vingt personnes chantant juste passent de fa-naturel à fa-dièze pour monter à sol: toutes, sans y mettre d'intention, feront entendre fa-dièze un peu plus aigu que celui fixé sur le piano. ─ Que si, au contraire, elles passent de si-naturel à si-bémol pour descendre à La, elles feront naturellement le si-bémol un peu plus grave que celui du piano.

Il résultera, de là, que le demi-ton qui restera de fa-♯ à sol, ou de si-♭ à la, sera un peu plus petit que le premier: cette différence sera, selon la convention reçue, d'un comma; Je l'ai déjà dit.

De ce que le demi-ton majeur est naturel, il faut conclure que le demi-ton mineur l'est également. Quiconque sera bien organisé, ne substituera jamais un demi-ton majeur à un mineur: la nature le guidera plus sûrement que toutes les théories possibles.

─── Du Bécquarre, ou Bécarre. ───

Ce signe, dont voici la figure ♮, sert à rendre le son naturel à la note altérée par un ♯ ou par un ♭.

Exemple :

(a) si, baissé d'½ ton par le bémol.

(b) rendu à son état ou son primitif par le bécarre ♮.

(c) ut, élevé d'½ ton par le dièze.

(d) remis dans son état naturel par le bécarre.

Les Touches noires du piano sonnent le demi-ton mathématique, par la raison qu'elles remplis--sent à la fois les fonctions du dièze en du bémol. Ainsi : prenons pour point de départ la touche blanche qui donne La naturel : cette touche est suivie d'une touche noire qui sonnera, 1°. La dièze, si nous voulons monter à Si naturel.

2°. Si-bémol, si nous voulons descendre à La-naturel.

Les demi-tons donnés par les touches noires du piano, loin d'être faux, quoi qu'ils s'écartent de la propension naturelle à l'homme, sont bien justes au point de vue absolu; en nous verrons, dans une autre partie de cet ouvrage, qu'il est souvent indispensable de se rattacher à cette justesse absolue.

Lorsqu'une note est altérée par ♯ ou par ♭ dans le cours d'une mesure, elle reste altérée durant toute cette mesure et reprend son état naturel au commencement de la mesure suivante.

Il arrive très-souvent que la Clé se trouve accompagnée d'un certain nombre de dièzes ou de bémols : c'est qu'alors telles ou telles notes doivent être altérées pendant toute la durée de la période musicale; — en l'on évite, en plaçant les signes altératifs près de la Clé, la sujétion de les répéter à chaque fois que reparaissent les notes qu'ils doivent affecter.

Dans le courant des premiers §§ de la 3e leçon, qui traiteront de la Gamme, j'exposerai les règles qui président.

à l'arrangement des dièzes en des bémols près de la clé. Ici, je dois me borner à faire connaître l'ordre dans lequel on les pose.

1° Quant aux dièzes,
{
Le 1er se pose sur Fa
Le 2° ———— Ut
Le 3e ———— Sol
Le 4e ———— Ré
Le 5e ———— La
Le 6e ———— Mi
Le 7e ———— Si
}
Voy. ci-dessous.

Et comme ils doivent tous s'enchaîner, à partir du premier, on ne peut jamais en omettre aucun, sous peine de contresens, ou plutôt de non-sens musical. J'en donnerai la raison dans la 3e leçon. [1]

2° Quant aux bémols,
{
Le 1er se pose sur Si.
Le 2° ———— Mi.
Le 3e ———— La.
Le 4e ———— Ré.
Le 5e ———— Sol.
Le 6e ———— Ut.
Le 7e ———— Fa.
}
Voy. ci-après.

[1] cette observation importante s'applique également aux bémols.

_______ Du double-dièze et du double-bémol. _______

Ces signes, qui se figurent ainsi 𝄪 ou ♯♯ (double-dièze) et ♭♭ (double-bémol) se placent devant une note déjà altérée par un dièze ou un bémol simple.

Ils expriment un intervalle qu'on appèle demi-ton enharmonique[1], mais qui ne doit être, rigoureusement parlant, que le tiers d'un ton plein.[2]

Le 𝄪 et le ♭♭ ne peuvent être rendus selon leur véritable valeur sonale que par la voix humaine et par les instruments dont les sons ne sont pas fixés par avance. Dans ce cas, on voit qu'ils modifient l'action du signe simple qui affectait la note avant leur emploi : cette modification s'opère naturellement, de la part du chanteur, à la seule vue du double-signe.

____

[1] En grec est, vaus, armonios, liaison. Parce qu'en effet le ♯ et le ♭ lient en rapprochent les sons de la manière la plus intime.

[2] Cette manière d'envisager les signes enharmoniques, ce qui me semble la seule rationnelle, n'a rien de nouveau, car elle remonte à Aristoxène. Voy. le Dictionn. de Mque de J.J. Rousseau, au mot Dièze.

Mais on n'emploie que très rarement le double-dièze
et le double-bémol ainsi que vient de le faire, à cause de la difficulté qu'il y a de les chanter juste : ordinairement (surtout
pour la musique de Piano) on les considère comme représen-
tant des demi-tons mathématiques, enfin ne s'en sert que
lorsque la clé est déjà accompagnée d'un grand nombre de ♯
ou de ♭. —— N.º 1.ᵉʳ —— —— N.º 2. ——

Ut, A, déjà dièzé à la clé, étant produit par une touche noire : Ut-double-
dièze, B, est nécessairement produit par la touche blanche ré-natu-
rel ; en Ré, C, déjà dièzé à la clé, étant rendu par une touche noire,
Ré-double-dièze, D, se fait sur la touche blanche Mi-naturel, d'où
l'on passe à la touche noire suivante, qui rend mi-dièze E, altéré
déjà à la clé. —— Le jeu des touches est analogue pour les
bémols, N.º 2 : a, touche noire Si-bémol ; b, touche blanche La-naturel ; c, touche noire La-bémol ; d, touche blanche Sol-naturel ; e,
touche noire Sol-bémol.

Cette manière de rendre l'effet du ♯ et du ♭ est complètement
fausse, en théorie : Mais elle a un grand avantage dans la
pratique, pour les modulations e harmoniques.[1]

Lorsqu'après avoir employé le double-dièze ou le
double-bémol, on veut remettre la note dans l'état où
elle était avant, on place à la gauche de cette note un
béquarre précédé du dièze ou du bémol simple. —— Exemples :

---

[1] opérations sans lesquelles le compositeur substitue subitement les dièzes aux
bémols, et vice versa.

Je fatiguerais inutilement mes Lecteurs à leur
parler de l'origine du dièze ou du bémol : ceux d'entr'eux
qui tiendraient à posséder à cet égard quelques notions
(que je ne garantis ni claires ni intéressantes) peuvent
recourir au dictionnaire de musique de J. J. Rousseau,
dans lequel beaucoup d'écrivains ont puisé sans
l'avouer, et quelquefois avec plus d'avidité que de
discernement.

Mais je fais remarquer que, dans l'article qu'on
vient de lire, je suis en contradiction formelle avec
Rousseau et ses devanciers, et même avec des écrivains
de nos jours. Cette contradiction porte sur le demi-ton,
que je qualifie majeur, justement quand ces écrivains
le qualifient mineur.

Certes, je pourrai me tromper en mainte occasion ;
mais ici je crois avoir pour moi l'expérience et la
raison. que ceux qui seraient disposés à me contredire
de bonne foi, réfléchissent un peu : ils ne balanceront pas
à se ranger de mon côté.

Du reste, je ne suis pas seul à condamner l'ancienne doctrine : je suis fort de l'opinion d'un artiste

en les lumières duquel j'ai la plus grande confiance,
— Mr. Adrien De Lafage — dont je citerai textuellement les paroles, quoiqu'un peu dures, lorsque j'entre-
-tiendrai mes lecteurs des demi-tons qui se trouvent
dans la gamme naturelle.

§. 10.

Des diverses espèces de Mesures
et des chiffres et lettres qui les indiquent ;—
des tems ; — du Rhythme.

On entend, par le mot Mesure, une certaine
portion du tems, une durée quelconque, qui est déterminée
et se renouvelle périodiquement durant tout le cours
d'une pièce de musique. Ce renouvellement périodique
est marqué par la Barre de mesure.[1]

Toute mesure se divise elle-même en un
certain nombre de parties égales entr'elles, et que l'on

---

[1] Mes lecteurs voudront bien se reporter au 5e. § de cette leçon, dans le
cas où ils auraient oublié les notions essentielles qu'il renferme.

appelé *tems*.

Nous avons trois Mesures principales, savoir : La Mesure à 4 tems ; — celle à 3 tems ; — en celle à 2 tems.

1°. Mesure à 4 tems.

Remplie par une Ronde, elle se marque par la lettre C, ou par le chiffre 4. Le C est plus fréquemment employé.

Cette Mesure est, comme son nom l'indique, divisée en quatre parties égales. Or, nous savons déjà qu'une Ronde vaut 4 noires : il y aura donc une Noire par chaque tems. La Noire se divisant elle-même en 2 crochets, 4 doubles, 8 triples &c., la mesure peut être remplie non seulement par 4 Noires, mais encore par toutes les divisions possibles de ces 4 noires. Enfin, puisqu'une Ronde vaut 2 blanches, il est évident que la Mesure à 4 tems peut également être remplie soit par 2 blanches, soit par une blanche, (qui vaudra 2 tems) en telles autres notes que l'on voudra, ou même par des silences, qui vaudront les deux dernières tems.

Voy. l'exemple qui suit.

2°. Mesure à trois temps.

Elle se divise en trois parties égales dont chacune équivaut à une Noire : Une Blanche pointée suffit donc pour la remplir.

Elle s'indique indifféremment par 3, ou par $\frac{3}{4}$.

<hr>

(1) Les chiffres placés sous chaque portée indiquent les temps.

3°. Mesure à deux tems.

Elle se divise en deux parties égales et se marque par un C barré — ¢ — ou par le chiffre 2.[1]

Il serait exact de dire que cette Mesure ne ne doit remplie que par deux noires ou leur équi-valent; mais il n'en est point ainsi : par suite de l'ancien usage, elle est remplie par deux blan-ches, — une par tems.

N. B. Les triples-crochets s'emploient fort peu dans la mesure à 2 tems, à moins que le mouvement adopté par le compositeur ne soit très-lent.

---

(1) Le ¢, de même que les chiffres $\frac{3}{4}$, indiquent assez que les mesures à 3 et à 2 tems sont tirées de la mesure à 4 tems. Mais comme chacune des trois mesures que je viens de faire connaître a donné naissance à d'autres dont je vais bientôt parler, on est convenu, pour éviter toute confusion dans les termes, de considérer ces trois mesures comme radicales ou typiques.

Manière de battre
les trois Mesures radicales.

1°. La Mesure à 4 tems se bat ainsi :

A, 1er tems, en frappant.
B, 2e tems, en portant la main à gauche.
C, 3e tems, en ramenant la main à droite.
D, 4e tems, en rapportant la main en l'élevant, comme il est
indiqué, de manière à se trouver prêt à frapper de nouveau,
sur le point A, le premier tems de la mesure suivante.

2°. La Mesure à 3 tems se bat :

A, 1er tems, frappé.
B, 2e tems, en portant la main vers la droite.
C, 3e tems, en ramenant la main en l'élevant, comme
la lettre l'indique, pour être prêt à frapper le premier tems
de la mesure suivante.

3°. La Mesure à 2 tems se bat en frappant,
en relevant la main alternativement { 2 second tems, levé.
{ 1, premier tems, frappé.

On bat la mesure avec le pied comme avec la main. Le Chanteur doit, de préférence, la battre avec la main. Elle est battue avec le pied par les instrumentistes autres que les harpistes et les pianistes : ceux-ci ne peuvent marquer que le premier temps.

Mais dans quelque condition que se trouve un Musicien, il est toujours beaucoup plus avantageux pour lui de s'habituer à compter les temps qu'à les battre : il acquiert une plus grande précision dans la division de la mesure.

——— Mesures Composées et Dérivées. ———

Chacune des Mesures simples dont nous venons de parler, a donné naissance à d'autres que l'on nomme Composées, ou Dérivées, selon le cas, et qui se battent comme celles d'où elles proviennent.

On nomme Composée, toute Mesure dont la totalité présente une valeur comparative plus considérable que sa radicale.

La Mesure Dérivée est celle dont la totalité comprend moins de valeurs que celle d'où elle provient.

Les exemples suivants vont éclaircir cette définition.

1. La Mesure à 4 temps a pour Composée la Mesure à $\frac{12}{8}$, c'est-à-dire comprenant les douze-huitièmes de sa radicale. —— Une Ronde pointée, ou 4 noires pointées, ou enfin leur équivalent, remplissent la Mesure à $\frac{12}{8}$, qui, du reste, n'admet pas de subdivisions moindres que les doubles-croches.[1]

11. La Mesure à 3 temps a deux Mesures Composées en une Dérivée,

Les mesures composées sont :

1°. Celle à $\frac{3}{2}$, remplie par trois Blanches (ou moitiés de Ronde) —— Une blanche par temps.

Cette mesure, dont le caractère est grave comme celui de la précédente, ne saurait admettre non plus une grande multiplicité de notes : la double-croche ne doit donc s'y montrer que le plus rarement possible.

____

[1] Un compositeur judicieux les emploiera même peu, s'il veut rester dans les limites tracées par le caractère grave de cette mesure.

2°. La Mesure à $\frac{9}{8}$, comprenant 9 crochen (ou 8me de ronde). — Une Noire pointée par temps.

Cette mesure admet les doublen-crochen plus facilement que les précédentes.

La Mesure dérivée de celle à 3 tems, est la Mesure à $\frac{3}{8}$, remplie par trois Crochen.

(1)

III. La Mesure à 2 tems a deux Mesures dérivées, savoir:

1°. Celle à $\frac{2}{4}$, remplie par 2 noires (ou quarts de ronde). Une Noire par tems.

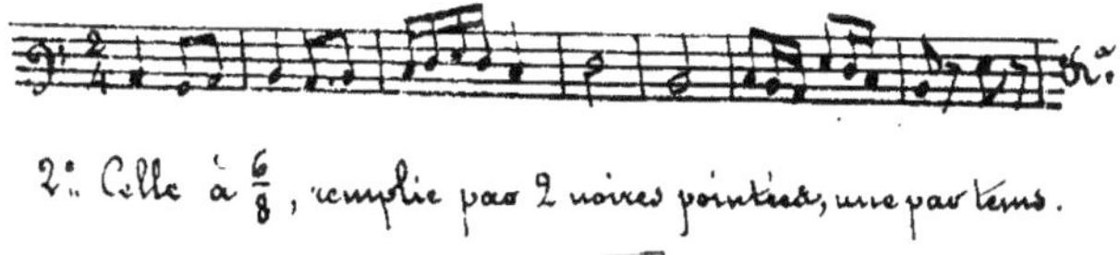

2°. Celle à $\frac{6}{8}$, remplie par 2 noires pointées, une par tems.

____

(1) Il y a encore une autre Mesure dérivée de celle à 3 tems : c'est la Mesure à $\frac{3}{16}$, qui est remplie par 3 doubles-crochen. on ne l'emploie plus.

Des trois mesures composées dont nous venons de parler, celle à $\frac{12}{8}$ est la seule employée; celles à $\frac{3}{2}$ ou à $\frac{9}{8}$ sont abandonnées, en voici pourquoi:

Autrefois, on n'employait que très peu de termes exprimant les mouvements, et l'on tenait beaucoup à ce que la valeur comparative des notes fut rigoureusement observée: Ainsi, la mesure à $\frac{3}{2}$ était une fois plus large[1] que la mesure à $\frac{3}{4}$, par cela seul que la première était remplie par des blanches, tandis que la seconde l'était par des noires — c'était logique.

Aujourd'hui, au contraire, nous employons des termes qui expriment tous les degrés de lenteur ou de vitesse dont la mesure est susceptible, et nous tenons beaucoup moins que nos devanciers à la valeur absolue des notes: de sorte que, malgré la différence de durée qui existe entre une blanche et une croche, par exemple, une mesure à $\frac{3}{8}$ sera aussi large, si elle est marquée du mot Adagio, que la mesure à $\frac{3}{2}$ qui ne portera pas d'indication spéciale de mouvement[2]

---

[1] c. à. d. plus lente.

[2] Ce défaut d'indication fera rentrer la mesure dans le mouvement moyen, qui est d'une seconde par temps, selon Choron.

Ceci posé, les Mesures composées, qui se battent comme leurs radicales, ne peuvent maintenant avoir pour objet que de présenter une allure un peu différente : or ce que nous nommons Triolets (a) ou Sextolets (b), atteint parfaitement ce but.

N'est-il pas évident, en effet, qu'une mesure à 4 temps, par exemple, remplie de cette manière :

N'est-il pas évident, dis-je, que cette mesure ainsi remplie atteindra le même but que celle-ci :

Et surtout avec l'aide de l'indication du mouvement, qui fera disparaître complètement la différence de durée qui existe naturellement entre une note simple ou une note pointée.

J'ajoute à cette considération que l'intention du Compositeur sera, selon moi, plus nettement saisie dès le commencement du morceau, par l'exécutant, sur l'indication formelle du mouvement, qu'à la seule inspection

---

(1) Le triolet n'a pas plus de durée que n'en auraient les 2 croches qu'il remplace ; le sextolet, pas plus de durée que les 4 doubles croches qu'il représente.

de la figure des notes ; figure qui sera toujours impuissante à faire pressentir le caractère de ce même morceau d'une manière assez précise pour qu'on l'exécute convenablement à la première lecture.

La conclusion de ce que je viens de dire, est que les Mesures simples remplissant le même but que les mesures composées, l'on a bien fait de laisser celles-ci tomber en désuétude.

Les mesures dérivées sont au contraire très usitées. Celles à $\frac{2}{4}$ en à $\frac{3}{8}$ s'emploient la plupart du tems dans les mouvements vifs et gais. Celle à $\frac{6}{8}$ convient également à tous les mouvements.

Il ne me reste plus à parler que d'une mesure assez singulière, dont beaucoup d'auteurs font mention et de l'emploi de laquelle je n'ai vu qu'un exemple, sans pouvoir dire où : c'est la Mesure à 5 tems, d'allure incertaine, et aussi difficile à employer avec succès de la part du Compositeur, qu'à suivre régulièrement de la part de l'exécutant.

Si mes Lecteurs rencontrent des pièces écrites avec cette Mesure, je leur conseille de la battre de la manière suivante :

Cette manière me semble préférable à celle qui consiste à frapper les Deux premiers tems en à développer les trois autres comme pour la mesure à 4 tems (voy.), ainsi que le font les Italiens. Mais pour nous Français, qui ne battons jamais que le premier tems de chaque mesure, nous serons certainement embarassés, toutes les fois qu'il s'agira de déroger à cette habitude. Il y aura donc, Je le crois, un avantage réel à suivre la manière que je viens d'indiquer.

Arrétons nous ici, en jettant un regard sur la route que nous venons de parcourir. Nous devons, avant d'aller plus loin, embrasser d'un coup-d'œil les principaux points sur lesquels doit se fixer l'attention du lecteur : ces points nous rappeleront sans peine les objets de détail qui se grouppent autour de chacun d'eux.

1ᵉ Trois Mesures simples, Types de toutes les autres, constituent maintenant notre Système de division du temps ou de la durée : ce sont les Mesures à 4, à 3 et à 2 temps.

2°. La Mesure à 4 temps (d'où sont elles mêmes tirées les deux autres mesures typiques), a une Mesure composée, nommée $\frac{12}{8}$, renfermant 12 crochets, ou une noire pointée par chaque temps ; cette mesure est encore employée, mais beaucoup moins que sa radicale.

3°. La Mesure à 3 temps a pour composées celles à $\frac{3}{2}$ (trois blanches), et à $\frac{9}{8}$ (neuf crochets) : ces deux mesures ne s'emploient plus.
Elle a deux dérivées, qui sont, 1°. mesure à $\frac{3}{8}$, qui est très usitée ; 2°. en $\frac{3}{16}$, qui ne s'emploie plus.

4°. La Mesure à 2 temps a deux mesures dérivées, savoir : La Mesure à $\frac{2}{4}$ (deux noires), et Celle à $\frac{6}{8}$ (six crochets[1]) ; toutes deux très usitées.

5°. La Mesure à 5 temps est très peu usitée.

6°. Les Mesures composées et dérivées se battent de la même manière que leurs radicales.

---

(1) ces 6 crochets ne sont pas des triolets, mais bien 6 notes effectives.

Reprenons maintenant notre marche, en hâtons-nous d'arriver à la fin de ce paragraphe, déjà bien long peut-être, mais qu'il serait impossible d'abréger davantage sans omettre quelques notions utiles.

Il y a deux genres de mesures : les mesures paires, et les impaires. Les premières sont celles dont les tems sont en nombre pair (2 et 4); les secondes, celles dont les tems sont en nombre impair (3 et 5).

—— Tems forts et faibles. ——

Les Tems forts de la mesure sont ceux sur lesquels on appuie le plus — ou, si l'on veut, ceux que l'on accentue. Ils paraissent plus longs que les tems faibles, mais ils ont en réalité la même durée; ils ne doivent leur apparente inégalité qu'à cet accent dont ils sont naturellement pourvus.(1)

Dans les mesures à 4 tems, le premier et le troisième sont forts; le second et le quatrième sont faibles.

---

(1) Voyez ce que dit à cet égard notre savant Choron d'après Marpurg, manuel de musique, Liv. 2 (tome 1er de la 2e partie) pag. 41 et 42.

Il est à désirer que tous ceux qui s'occupent sérieusement de la Musique possèdent cet excellent ouvrage, qui fait partie de la Collection Prévost. C'est le choix savamment fait de ce qu'on a écrit de plus

Voy. exemple 1er, A, B.

Dans les mesures à 2 temps, c'est le premier qui est fort. Exemple 2, A, B, C.

Dans les mesures à 3 temps, le premier seul est fort : les deux autres sont faibles [1]. Telle est la règle générale, qui ne souffre que très peu d'exceptions. Exemp. 3, A, B, C, D.

Dans la mesure à 5 temps, le 1er et le 3e sont forts ; le 2e, le 4e et le 5e sont faibles. Ex. 4e.

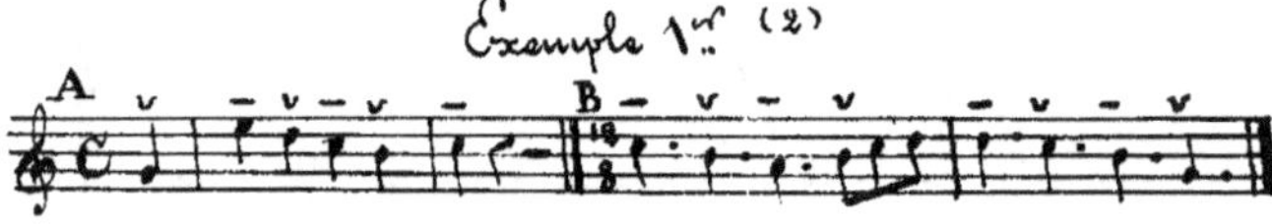

remarquable les Maîtres des écoles italienne, allemande et française ; choix auquel les travaux scientifiques et critiques de Choron et de son continuateur Mr. A. Delafage, ajoutent un nouveau prix.

(1) Cette opinion est très controversée. D'une part, Gervasoni, et beaucoup de praticiens modernes, disent que le 3e temps de la mesure à 3 temps est fort ; d'une autre part, Marpurg, et parmi les modernes Catel, Choron, A. Delafage etc, soutiennent que ce 3e temps est faible. Je partage cette dernière opinion. Je n'en donnerai ici qu'une raison, entre beaucoup d'autres qui doivent plutôt trouver leur place dans un traité spécial de Mélodie que dans cet ouvrage ; et cette raison, qui est à la portée de tous, la voici : jamais un temps fort ne peut appeler un temps fort ; que si l'on qualifie de fort le 3e temps de la mesure à 3 temps, on pervertit partiellement, ou complètement, le sentiment de la Mesure.

(2) Les signes — et v, empruntés à la prosodie, sont employés ici, le

Exemple 2.

Exemple 3.ᵉ

Exemple 4.ᵉ

Les tems sont susceptibles de se diviser en parties fortes en faibles ; comme les mesures en tems forts en faibles, en suivant les mêmes principes.

Exemples :

premier pour marquer les tems forts, en le second les tems faibles ; mais sans rien ôter à ces tems de l'égalité de durée qu'ils doivent, je le répète, conserver entr'eux.

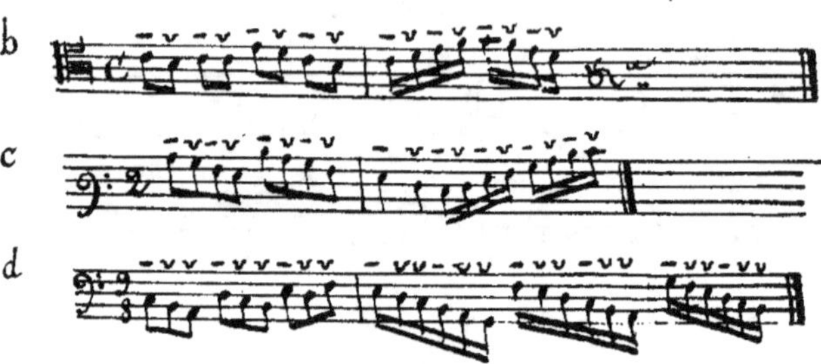

Il est à peine utile de faire observer que la subdi-
vision des temps en parties fortes et faibles, ne change
rien à la nature de ces temps relativement à la mesure:
ainsi, par exemple, bien que la 1ᵉʳᵉ partie du second temps
de la mesure à 2 temps soit forte par rapport à la 2ᵈᵉ partie
de ce temps, celui-ci n'en est pas moins, dans son entier, le
temps faible de la mesure.

——— Du Rhythme. ———

On appèle Rhythme, le résultat que présente
l'ordonnance générale des durées qui composent une pièce
de musique.——— Ces durées sont les mesures et les temps.

Ainsi, dès qu'on a disposé dans un ordre regulier,
quel qu'il soit, les durées d'une pièce de musique, cet ordre imprime
à la pièce une allure, une cadence générale, qui prend le nom de

Rhythme.

Si vous écrivez une période musicale avec la mesure à $\frac{6}{8}$, et une autre avec la mesure à $\frac{2}{4}$: chacune aura son Rhythme particulier.

Si la période que nous supposons en $\frac{6}{8}$, est écrite en totalité — avec des crochets — ou avec des noires pointées — ou avec des noires et des crochets disposées alternativement: il résultera delà autant de modifications dans le rhythme.

Les différentes manières dont une mélodie est accompagnée, présentent aussi des rhythmes divers: — Si, par exemple, la basse frappe les tems forts tandis que les parties médiaires frappent les tems faibles — Si la partie médiaire frappe des accords plaqués tandis que la basse fait des accords brisés &c.ª (1)

Le choix du rhythme entre pour beaucoup dans l'effet que le Compositeur attend de son œuvre, surtout lorsqu'il s'agit d'unir la musique à la parole.

---

(1) On verra ces différens accords dans la leçon synthétique qui termine ce 1er Livre.

§. 11.

Du Guidon.

Le Guidon,  signe presque entièrement abandonné, se place à la fin d'une portée lorsque l'espace a manqué pour écrire toutes les notes qui doivent remplir la mesure : il tient la place de la note qui occupera le commencement de la portée suivante.

Exemple. 

. Ce signe, qui se rencontre très-souvent dans l'ancienne musique, et rarement dans la moderne, est plutôt nuisible qu'utile, puisqu'il ne dispense pas les lecteurs de porter les yeux de la fin d'une portée au commencement de l'autre, aussi rapidement que s'il n'existait pas, et qu'en outre il détourne l'attention.

Ces motifs suffisent pour faire proscrire le guidon; mais ils n'existeraient pas, que ce signe n'en disparaîtrait pas moins, aujourd'hui que les graveurs, de même que les copistes exercés, prennent la facile précaution de terminer la portée par une mesure pleine qui se clôt par une barre de mesure.

§. 12.

Des signes accessoires.

Ces signes, ainsi que je l'ai dit page 16, sont uniquement destinés à donner de l'expression à la Musique, ou à en abréger l'écriture. Beaucoup de mots, et même des phrases, empruntés à la langue italienne, sont employés dans le même but; mais comme mon intention ne saurait être de donner ici un Manuel-lexique, auquel mes Lecteurs peuvent facilement suppléer à l'aide d'un dictionnaire italien: je m'attacherai particulièrement aux signes et ne m'occuperai des mots ou des phrases qu'autant qu'il sera strictement nécessaire.

Je ne suivrai point l'ordre que semble indiquer la division des signes accessoires en Expressifs et Abréviatifs; je les emploierai indistinctement dans quelques phrases mélodiques: De cette manière, l'application et l'explication s'aideront mutuellement.

C'est, je crois, le meilleur parti à prendre dans l'intérêt des élèves.

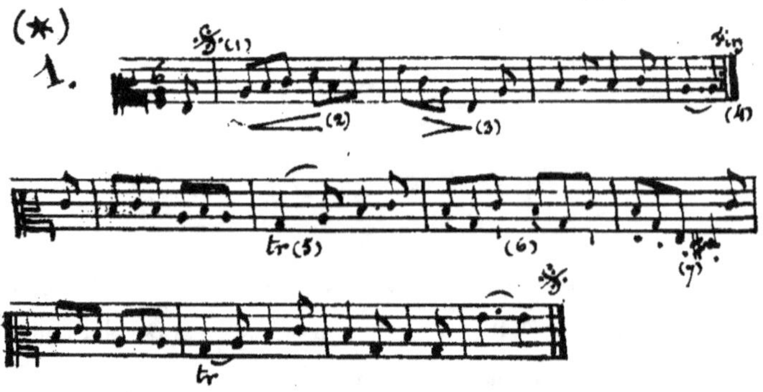

(1) Ce signe 𝄋 se nomme *Renvoi*. Il correspond à celui placé à la fin de l'exemple en signale l'endroit où l'on doit reprendre quand on est rendu à ce dernier *Renvoi*.

(2) Ce signe ⟨ , qui n'a pas de nom, mais qui équivaut au mot *Crescendo* (voy l'exemple 2), annonce qu'il faut augmenter le volume du son, graduellement, tant que le signe s'étend.

(3) ⟩ Signe de diminution graduelle du son que l'on a renforcé en vertu du signe précédent. Quand on est arrivé à la note sur laquelle le signe se termine, le degré de force du son doit être le même qu'au commencement du signe d'augmentation. Lorsque les deux signes sont unis, ⟨⟩ , l'on doit commencer à diminuer le son aussitôt qu'on a fini de

____

(*) Il ne faut pas perdre de vue que mes jeunes lecteurs ne peuvent exécuter cette phrase, puisqu'ils sont censés ne pas connaître la gamme. Ils recourront, s'ils le jugent nécessaire, à leur professeur ; en celui-ci, en faisant parfaitement sentir tous les signes d'expression, ajoutera un nouveau degré de force et de clarté à mes explications.

l'augmenter; tandis que lorsqu'ils sont séparés, toutes les notes qui se trouvent entr'eux sont rendues avec le même degré de force qu'à la fin du signe d'augmentation.

(4) Barre de reprise. Cette double barre, étant pourvue de points ‖, annonce qu'il faut reprendre ou recommencer ce que l'on a déjà exécuté. Si elle n'est pas armée de points, elle annonce simplement la fin d'une période. S'il s'en rencontre plusieurs dans le cours d'un morceau, l'on reprend de l'une à l'autre, ou l'on continue, selon qu'elles sont ou ne sont pas pourvues de points. En tout cas, on va successivement de la première à la seconde &c., mais sans que leur rencontre interrompe le cours de la mesure.

(5). tr. abréviation de l'italien Trillo (roulade) en français tril ou trille. Il y a plusieurs sortes de trilles, que nous verrons. voici l'effet de celui employé dans l'exemple, et qu'on nomme simple, ou non terminé : Signe.

cette note est indépendante du tril.

Effet:

Le trille dont il s'agit ici a beaucoup d'analogie avec le Mordant (en italien Mordente) que nous verrons ci-après.

(6.) , ou ', selon la position de la note. Cette espèce de petite pointe annonce que la note qu'elle affecte doit être piqué, c.à.d. attaquée sèchement et aussitôt abandonnée. L'effet du piqué ne peut être bien rendu qu'avec l'archet.

(7). Ce petit point indique que la note doit être détachée, pour contraster avec les notes liées. Le pointé est moins sec que le piqué.

(1) p. abréviation de l'adverbe *piano*, à voix basse, doucement.

(2) Cresc: pour *Crescendo*, en croissant, en augmentant.

(3) le *Mordant*, *Mordente*: effet de ce signe tel qu'il est employé ci-dessus

(4) F. pour *forté*, fortement, vigoureusement. FF, très fortement. FFF avec toute la force possible.

Nota. Le signe d'augmentation que nous avons vu dans l'exemple précédent, équivaut aux trois expressions, *piano*, crescendo en forte, employés successivement.

(5.) Voici l'effet de ce trille, qui est *préparé* et *terminé* :

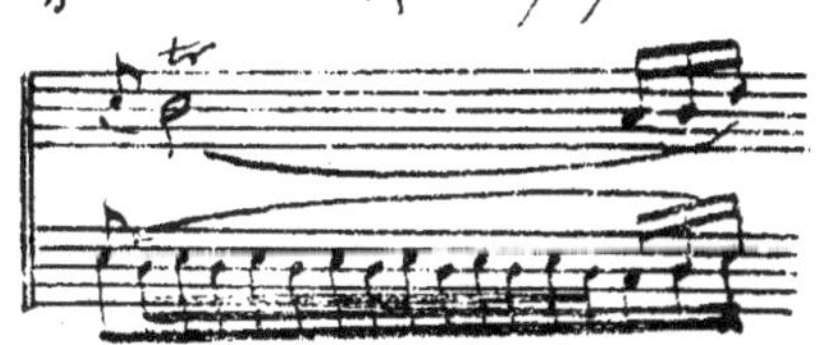

(6) L'effet de ce trille, sauf la préparation et la terminaison, est le même que celui du précédent.

(7) Dim., abréviation de *diminuendo*, en diminuant.

(8) Dol., pour *dolce*, abréviation de *dolcemente*, agréablement, avec suavité.

(9) ∞ ce signe équivaut au *Gruppetto* (petit groupe de notes) que voici

(10) autre *Gruppetto*. (a) Le gruppetto, quel qu'il soit, ne compte point dans la mesure : c'est un agrément dont les notes s'empruntent sur la durée des notes effectives qui avoisinent ce même agrément, et généralement, c'est sur la durée de celle qui le précède, comme dans l'exemple.

(11) rinf. abréviation de *rinforzando*, en renforçant le son.

(12) petite-note, ou note d'agrément. Ici, sa valeur s'emprunte sur celle de la grosse note qui la suit.

(13) Sf. abréviation de *Sforzando*, en forçant. *Forcez* est

(a) On donne le nom générique de *Gruppetto* à tout groupe de petites notes qui en présente au moins trois. Il y a des *Gruppetti* de 5, 6 et 8 petites notes.

pris ici dans le sens de <u>contraindre</u>, véritable signification du verbe *sforzare*. Aussi, la note marquée *sf.* doit-elle être attaquée plus fort que celle qui la précède et celle qui la suit. L'action du *rinforzando* est au contraire moins brusque, et s'étend graduellement à plusieurs notes consécutives.

(14.) Petite note double. La valeur de celle-ci se prend sur celle de la grosse note qui la suit. La valeur des deux suivantes doit être prise sur la grosse note qui les précède.

76ᵉ. En général, la petite-note simple prend moitié de la durée de la grosse note à laquelle elle est unie; aussi, lorsqu'elle accompagne une Blanche, dans les mouvement modérés et lents, ne lui adapte-t-on pas de crochet: alors elle représente une Noire.

Lorsqu'elle doit être passée d'une manière rapide et légère, on la marque ainsi: ♪.

Du reste, le genre du morceau dans lequel se trouvent les petites-notes, indique assez communément de quelle manière elles doivent être articulées: l'expérience et le goût en enseignent plus que les règles à cet égard.

(15.) D.C. pour *Da capo*, adverbe qui signifie de rechef, de nouveau. — En musique, et par extension, il veut-dire: retournez au commencement.

Souvent on rencontre cette indication: D.C al' Segno 𝄋, qui veut dire „retournez au signe :𝄋.

3.   Il y a beaucoup de manières d'abreger l'écriture des notes : voici les principales.

Ces abréviations ne sont pas employées dans la musique vocale.

____

(1) cette abréviation ne s'emploie guères ailleurs que dans la musique manuscrite.

Appendice au §. 12e.

La première partie du Tableau suivant, contient les mots dont on se sert le plus fréquemment pour déterminer les principaux Mouvements.[1]

La seconde partie comprend les mots et les locutions qui emportent avec eux non seulement l'indication du Mouvement, mais encore l'expression qu'il convient de donner aux pièces de musique en tête desquelles ils se placent.

Dans l'une et l'autre partie, j'ai suivi, pour les définitions et les explications, le travail extrait de la Scuola della musica de Charles Gervasoni, par Choron[2]. Je me suis permis quelques observations que j'ai crues indispensables.

J'ai omis à dessein une foule de mots et d'indications que l'on rencontre souvent, mais qui, la plupart du tems, tiennent plus au caprice, ou mieux, à la pensée intime du compositeur, qu'au caractère même du morceau: ces indications deviendront

____

(1) J'ai donné, page 20, à la note, l'explication de ce que l'on entend par le mot Mouvement.

(2) Manuel de musique déjà cité, Liv. 1er, pag. 72 et suivantes.

familières à mes lecteurs à mesure qu'ils avan-
ceront dans la pratique de la musique. Alors, ils
s'y conformeront, les modifieront ou même n'y
auront pas égard, selon qu'ils seront inspirés, car,
  « en chaque circonstance, le sentiment de
  « l'artiste le guide mieux que toute indication ».
(Choron, loc. jam cit., pag. 73.)

TABLEAU raisonné des Termes

(suivez)

gradation du lent au vif.	Mots italiens consacrés.	Traduction.
1.	Grave, adj. Grave, adv.	Pesant. — grave, sévère, sérieux. Pesamment.
2.	Largo, adj. — adv.	Large. — copieux. Largement. — copieusement.
3	Larghetto.	Diminutif de l'adjectif précédent : moins large — médiocrement large.
4.	Adagio, adv.	aisément, lentement.

Explications de Gervasoni.	Observations.
„ C'est le plus lent de tous les mouvemens. On y doit développer de grands sons et rendre chaque note avec beaucoup de lenteur.„	Tout le monde est d'accord sur ce point de départ.
2. „ Mouvement lent, mais pas autant que l'Adagio.„	2. Il est généralement reçu que le Largo est le mouvement le plus lent après le Grave. Sans doute il en était autrement du tems de Gervasoni; mais l'interprétation actuelle du mot Largo est plus conforme à sa signification.
3. „ Signifie un mouvement moins vif que l'Andante et plus vif que le Largo, mais qui tient le milieu entre les deux.„	3. Ceci n'est ni clair ni admissible. Il faut dire, pour être dans le vrai, que Larghetto est moins lent que Largo, mais plus lent qu'Adagio.
4. „ Mouvement lent, mais pas autant que le Grave.„	4. Ceci doit encore être rectifié. L'adagio, moins lent que le Larghetto, est plus lent que l'andante.

Gradation du lent au vif.	Mots italiens consacrés.	Traduction.
5.	Lento. adv.	Lentement, doucement.
6.	Andante. adj. formé du verbe andare; Andante, subst. créé pour la langue musicale.	Allant, qui aime à marcher. Andante.
7.	Andantino, subs. diminutif d'andante,	andantino.
8.	Allegretto, dimin. d'allegro.	un peu enjoué.

Explications de Gervasoni.	Observations.
	5. Gervasoni ne dit rien de ce mot, qui s'emploie plus rarement que Adagio. C'est, je crois, sans motif que quelques praticiens établissent une différence sensible entre Adagio et Lento.
6. „Andante marque un mouvement qui tient le milieu entre le lent et le vif, entre l'allegro et l'Adagio, ce qui produit un mouvement tempéré.„	6. Définissons d'une manière plus précise. Andante indique un mouvement aisé, posé, moins lent qu'Adagio. C'est dans l'andante à 4 temps que se trouve le Type du mouvement moyen — une seconde par temps.
7. „Andantino exprime un mouvement plus animé qu'andante„.	7. Même mouvement qu'allegretto (voyer ce mot), à très peu de chose près.
8. „Allegretto exprime un mouvement plus modéré qu'allegro.	

Gradation du sens au vif.	Mots italiens consacrés.	Traduction.
9.	Allegro. adj.	Joyeux, enjoué.
10.	Vivace, adj.	vif, gaillard. — vivace, plein de vie.
11.	Presto, adj. — ads.	Prompt, dégagé, leger. Promptement.

Explications de Gervasoni.	Observations.
9. "Indique un mouvement plus vif, et animé, dans lequel on rend avec rapidité les divers tems de la mesure.	9. cette explication me semble placer l'allegro beaucoup plus près du Vivace que de l'allegretto, tandis qu'il doit tenir le milieu entre ces deux derniers termes. Il faut, d'après cela, lire..... ...mouvement plus vif que l'allegretto..
10. "Le vivace, qui veut une exécution vive et animée, tenant le milieu entre l'allegro et le presto, et dont les notes, au lieu d'être liées, doivent être détachées les unes des autres par des coups forts mais brefs."	10. Cette définition est remarquable par sa précision et sa netteté.
11. "Le presto est un mouvement plus vif encore que l'allegro: l'exécution doit en être plus vive et plus légère que dans ce dernier."	11. Substituez le mot Vivace à celui d'allegro, et la définition sera exacte.

Gradation du lent au vif.	Mots italiens consacrés.	Traduction.
12.	Prestissimo, superlatif de presto	Très prompt — Très promptement.

2ᵉ Partie. Mots ou locutions qui joignent, à l'indication

Mots ou locutions.	Traduction.
Tempo giusto.	Tems exact, précis.
Tempo di minuetto.	Tems de menuet.

Explications de Gervasoni	Observations
12. „Prestissimo marque le plus vif de tous les mouvements, et par conséquent la plus rapide de toutes les exécutions.	

du Mouvement, celle de l'expression à donner à la musique.

Interprétation de Gervasoni.	Observations.
„Tempo giusto indique un mouvement modéré (*) dans lequel les notes doivent être bien marquées et avoir le degré de force (**) proportionné à leur figure respective. "	(*) andanté, ou andantino. (**) c.à.d. de durée.
..... " qui exprime un mouvement plus voisin de l'andante que de l'allegro, et dans lequel les temps doivent être bien distingués ".	Il n'en est plus ainsi : le tempo di minuetto est un mouvement vif. Il reste à savoir si les anciens menuets gagnent à être joués vite.

Mots ou locutions.	Traduction.
Grazioso, adj.	Gracieux, aimable.
Maestoso, adj.	Majestueux, noble, imposant.
Spiritoso, adj.	Spiritueux, subtil. — Spirituel.
Stretto, adj.	Serré. (M^t cet adjectif a un grand nombre d'acceptions.)

Interprétation de Gervasoni.	Observations
…« qui se rapproche de l'andanté, et dans lequel les notes doivent couler avec douceur ».« …« qui annonce un mouvement modéré et d'une exécution bien soutenue. On y doit appuyer sur toutes les notes et bien marquer chaque tems et chaque mesure.« …« qui indique le plus rapide de tous les mouvemens, et dont l'exécution doit être pleine de feu.« …• dont le mouvement correspond à celui de prestissimo, mais dont l'exécution doit être plus vigoureuse, les tems plus brefs et plus précipités.	 Gervasoni se contredit lui-même. (voy. Stretto) Le spiritoso demande une exécution vive et spirituelle : voilà tout ce qu'on en doit dire. Le mouvement du Stretto étant le même que celui du prestissimo, les tems de l'un ne sauraient être plus précipités que ceux de l'autre. Lisez donc : plus détachés.

Troisième Leçon.

De la Gamme — Des Degrés — Des Intervalles — Des Modes.

---

§ 1er.

Notions préliminaires

On nomme *Gamme*, le passage successif de l'un à l'autre des sept sons principaux, auxquels on ajoute la répétition du premier son, afin de rendre complet le sens musical que présente ce passage successif.

Observons que le Clavier-général, considéré comme la somme ou l'ensemble des sons ou système (voy. pag. 36), n'est autre chose qu'une grande gamme, une gamme générale; ou que la Gamme usuelle, dont nous traitons ici, n'est par conséquent qu'une portion de cette gamme générale : — mais une portion complète, puisque, comme nous l'avons vu pag. 17, tout le Système musical repose sur les sept notes que nous connaissons, répétées depuis le son le plus grave jusqu'au plus aigu que l'oreille puisse apprécier.

La Gamme doit son nom au _Gamma_, (lettre G des Grecs), note ajoutée par Gui d'Arrezzo à l'extrême grave de l'ancien claviers-général, ainsi que je l'ai mentionné pag. 40.

On donne souvent à la Gamme générale, le nom d'Echelle générale.

On donne également à la gamme usuelle, le nom d'_echelle_, en l'on nomme _degrés_ les différents sons qui la forment.

Je me servirai de ce mot _degré_, pour désigner l'intervalle diatonique [1]

On écrit une Gamme en plaçant diatoniquement toutes les notes les unes près des autres :

On chante cette Gamme en faisant entendre successivement le son propre à chacune des notes, dans l'ordre où elles sont écrites ci-dessus.

La gamme s'écrit en se chante en descendant

---

[1] J'ai donné l'explication de ce mot, pag. 39, note 3°.

comme en montant. On dit, par abréviation, monter ou descendre la gamme.

Lorsqu'on la monte, comme elle est écrite ci-dessus, elle est nommée ascendante.

Elle se nomme descendante, lorsqu'on la commence par la note la plus aigüe, comme ici :

La gamme, ascendante en descendante, qui précède, en qui part de la note Ot, est qualifiée de *naturelle*; parceque, pour s'opérer d'une manière satisfaisante à l'oreille en conforme à la nature, elle n'a besoin du secours d'aucun signe étranger.

Cette gamme offre, dans les élémens qui la composent, cinq tons pleins [1] en deux demi-tons mineurs. [2]

---

(1) On a vu, pag. 59 en suiv., la définition du ton plein, ou entier, en celle du demi-ton, qu'on appelle quelquefois semi-ton.

(2) J'ai dit, pag. 60, en terminant le 10.me §., que je citerais textuellement les paroles de Mr. A. Delafage, à propos des demi-tons majeurs en mineurs : c'est ici qu'il convient de placer cette citation.

Voici donc comment s'exprime Mr. Delafage, pag. 33, liv. 1er., du Manuel de Musique déjà cité, dernier alinéa de la note :

« Les demi-tons de l'échelle naturelle sont toujours mineurs,
« en l'auteur (il est question de Gewasoni) se trompe lorsqu'il

Le premier de ces demi-tons forme le quatrième degré de la gamme; le second forme le huitième degré [1], en

---

» avancé qu'ils sont majeurs. Il partage en cette occasion l'erreur d'un grand
» nombre de praticiens, et cette erreur est d'autant plus inexcusable, qu'elle
» est en contradiction manifeste avec la pratique aussi bien qu'avec la théorie.
» L'erreur dont il est question, ... me paraît surtout un vice de langage
» qu'il faudrait corriger: des professeurs ignorants ont jugé à propos d'appeler
» demi-ton majeur celui dont les termes sont sur deux degrés différents de
» l'échelle comme de mi à fa, de si à ut, d'ut-dièze à ré, etc, et demi-
» ton mineur celui qui se fait sur la même note comme d'ut à ut-dièze,
» de si à si-bémol, bien que ce dernier intervalle soit plus grand que
» le premier d'un neuvième de ton. Cette habitude s'est perpétuée, et
» l'on ne concevrait ni pourquoi ni comment si dans les occasions de
» ce genre, l'esprit de routine ne venait à point pour tout expliquer. »

(1) On dit ordinairement que le premier demi-ton se trouve du
3.e au 4.e degré, et le second, du 7.e au 8.e : ce qui est inexact, et peut
faire confondre le degré avec l'intervalle, qui pourtant diffèrent de
beaucoup, comme nous l'allons voir, puisqu'il faut deux degrés
pour former un intervalle.

suivant l'ordre ascendant.

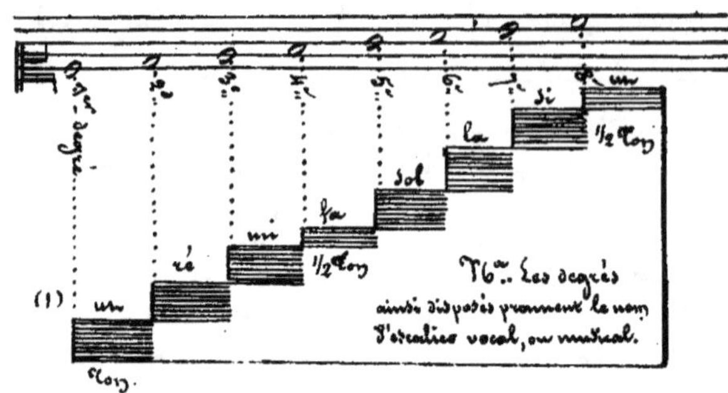

La gamme naturelle (ascendante et descendante) que nous avons vue jusqu'ici, est qualifiée de *majeure*, ou gamme en mode *majeur*:

Nous avons aussi la gamme *mineure*, ou en mode *mineur*, car nous reconnaissons deux modes.

Mais pour concevoir, en attendant les explications spéciales, la différence qui existe entre ces deux gammes, il faut savoir ce que l'on entend par le mot *mode*.

Le *Mode* (en latin *modus*, manière) est le résultat de *la manière d'être*, de la disposition, de certains degrés de la gamme; disposition de laquelle naît une expression particulière et bien marquée, car le mode majeur est gai, enjoué,

---

(1) La note *ut* conserve ce nom quand on en parle seulement: mais quand on la chante, on la nomme *Do*, comme les italiens le font, parceque cette syllabe est infiniment plus favorable à la *solmisation*. On nomme

tandis que le mode mineur est triste, mélancolique.

Enfin, nous avons encore la gamme chromatique,[1] qui n'est autre que la gamme naturelle dont chaque ton plein est divisé en demi-tons à l'aide du dièze ou du bémol.

Nous examinerons chacune de ces trois gammes dans un paragraphe spécial : mais Lecteurs ne me comprendraient que très imparfaitement avant d'avoir lu le §. suivant.

§..2.

Des noms des différents degrés de la gamme majeure.
Des Intervalles et de leur
renversement

Ainsi que nous l'avons vu, la gamme, ou si l'on veut l'echelle diatonique, est composée de huit sons, ou huit degrés de son.

Lorsque l'on passe successivement d'ut à ré, de ré à mi, etc., les degrés sont appelés conjoints,[2] ou diatoniques, comme

solmisation, l'action de solfier, c'est à dire de chanter les notes en les nommant. vocaliser, c'est chanter les notes sans les nommer, mais en prononçant sur chacune d'elles la voyelle a.

(1) Je donnerai l'explication de cet adjectif, en parlant de la gamme qu'il caractérise.

(2) Conjuncti, unis ___ unis sans intermédiaire.

nous le savons déjà.

Les demi-tons de l'échelle naturelle sont donc des demi-tons diatoniques. J'insiste pour que mes lecteurs donnent ce nom aux demi-tons dont il s'agit, et pour qu'ils désignent par le nom de chromatiques, ceux qui sont produits par le dièze ou par le bémol.

Si l'on passe d'un à mi, d'un à fa, #, les degrés sont disjoints (1)

Que l'on procède par degrés conjoints ou par degrés disjoints, il se trouve, entre les deux sons, un intervalle.

Chaque intervalle (ou distance d'un son à l'autre) a son nom propre, tiré de la position qu'occupent respectivement les notes qui forment les termes de comparaison.

Chaque degré de l'échelle ou gamme, a aussi, outre sa désignation numérale indiquant sa position relativement au premier de ces degrés, un nom spécialement usité en style d'harmonie ou de composition; nom qu'il est essentiel à mes lecteurs de bien connaître, qu'ils veuillent, ou non, devenir harmonistes.

---

(1) disjuncti, désunis.

Désignation numérale des Degrés,
en leur nom en style d'harmonie:

1° Désignation numérale. —————————————

1er, 2d, 3e, 4e, 5e, 6e, 7e, 8e degré.

a   b   c   d   e   f   g   h

2° Nomenclature harmonique:

a. Tonique, note tonique. On donne ce nom à la note qui sert de point de départ à la Gamme, parceque c'est cette note qui indique le Ton (1) ou degré de l'Echelle-générale sur lequel doit être commencée ou entonnée la gamme. (2)

b. Sus-tonique. Ceci n'a pas besoin d'explication.

———————————————————————————

(1) Je prie mes Lecteurs de remarquer que le mot Ton a ici une acception différente de celle dans laquelle je l'ai employé jusqu'à présent.

Ici, c'est l'acception la plus naturelle: Ton signifie degré d'élévation du son. — Précédemment, il exprimait seulement de quelle quantité de commas un Son était composé comparativement à un autre Son — Ton, 9 commas — demi-ton majeur, 5 commas &c.

Ce mot Ton a encore une 3e signification, tout à fait fausse, dont je parlerai en traitant des modes majeur et mineur.

(2) C'est au moyen du Diapason, petit instrument connu de tout le monde, et qui donne la note ou le ton LA, qu'est fixé le son de tous les autres tons ou notes du système, ou de l'échelle-générale.

c.   Tierce (tertia nota, troisième note); ou Médiante, parcequ'elle tient le milieu de l'accord parfait — voy. ci-après, au mot dominante.

d   Quarte (quarta nota, quatrième note); ou Sous-dominante, parcequ'elle est moins élevée que celle-ci.

e   Quinte (quinta nota, cinquième note); ou Dominante. (1)

f   Sixte (sexta nota, sixième note); ou Sus-dominante.

g   Septième, ou note sensible.

---

(1) Le nom de Dominante donné à la 5e. note, et celui de Médiante donné à la 3e., viennent de la position respective de ces notes dans l'accord parfait que voici :

et dont la Base, ou note fondamentale, est la Tonique de la gamme.

La note supérieure de cet accord, ou la plus élevée, en est, par cette position même, la Dominante. La note qui tient le milieu est, par la même raison, la Médiante. Or, la médiante est la 3e., et la Dominante la 5e. note de la gamme — je le répète à dessein.

h Octave (octava nota, huitième note); ou Tonique, parcequ'elle est la répétition parfaitement juste, ou la réplique du premier son.

Mais pourquoi le nom de *sensible*, donné à la septième note? (1) ____ c'est parcequ'elle indique sensiblement le retour de la Tonique. Et je dirai plus: elle appèle cette Tonique d'une manière irrésistible.

Si vous chantez une gamme ascendante et que vous vous arrétiez trop longtemps sur la 7.ᵉ note, ou que vous la répètiez plusieurs fois; votre auditeur attend, avec un malaise sensible, que vous passiez au huitième son (la Tonique), qui seul peut compléter le sens musical renfermé dans la gamme.

---

(1) J'ai plusieurs fois entendu critiquer comme peu claire, cette qualification de *sensible*. Quelque puisse être le fondement de cette critique, le tems en l'usage sont-là, et l'adjectif dont il s'agit est loin de présenter un contre-sens: il vaut donc mieux s'attacher à le faire comprendre qu'à lui en substituer un autre.

Voici maintenant le nom des différents intervalles :

(en suivant l'ordre ascendant.)

1°. d'ut à ré, intervalle de Seconde.
2°. d'ut à mi ———— de tierce.
3°. d'ut à fa ———— de quarte.
4°. d'ut à Sol ———— de quinte.
5°. d'ut à la ———— de Sixte.
6°. d'ut à si ———— de Septième
7°. d'ut à ut ———— d'octave.

Il ne faut pas croire que tous les intervalles doivent avoir la Tonique pour point de départ ou premier terme : ainsi, par exemple, de Sol à ré, ou de la à mi, il y a un intervalle de quinte, tout aussi bien que d'ut à Sol. Il en est ainsi des autres.

En un mot : l'intervalle qui existe d'une note quelconque à une autre, se dénomme par le nombre de degrés qui se trouve de l'une à l'autre de ces notes.

Comme les notes qui produisent les intervalles peuvent être déplacées d'une octave [1] en même de plusieurs,

____

(1) octave, employé ici par Synecdoque, signifie un intervalle renfermant les huit sons compris dans la gamme complète.

on distingue les intervalles *simples* et *composés*, *directs* et *renversés*.

Nous savons que le ton plein est divisible en deux demi-tons au moyen du dièze et du bémol : si les tons pleins peuvent être ainsi altérés, les intervalles sont eux-mêmes susceptibles d'altération : aussi reconnaît-on, outre les intervalles majeurs et mineurs, qui ont leur source dans la gamme naturelle ; aussi reconnaît-on, dis-je, les intervalles augmentés et diminués.

Les intervalles *simples* sont ceux qui vont d'une note à l'autre sans dépasser l'octave : ainsi, tous ceux que j'ai présentés jusqu'ici, sont des intervalles simples.

Les intervalles *composés* sont ceux qui, au contraire, franchissent les limites de l'octave.

On nomme *intervalles directs* ceux qui se trouvent d'une note à l'autre en montant la gamme : tels sont ceux que nous avons déjà vus.

On appelle *intervalles renversés*, ceux qui

provisoirement du déplacement, à l'octave inférieure, de la note qui produisait l'intervalle direct.

Les Tableaux suivants présentent les intervalles simples, composés, directs et renversés.

Tableau N.° 1er. — Intervalles simples.

N.ª Mes Lecteurs appliqueront à ces intervalles les noms indiqués page 108.

Tableau N.° 2. Intervalles composés.

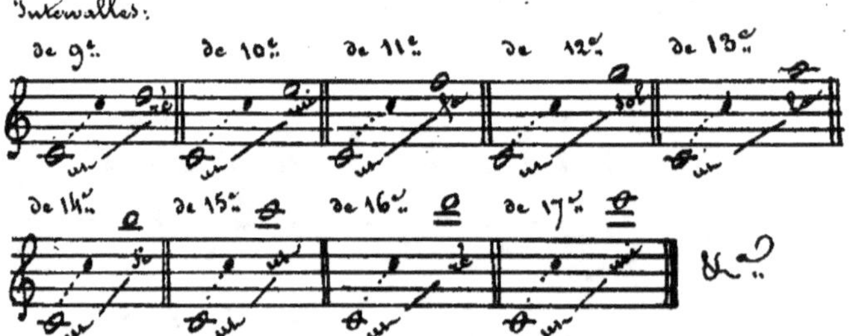

N.ª La petite note noire indiquant l'octave, on reconnaîtra facilement de quels intervalles simples les intervalles composés sont le redoublement.

Les intervalles de neuvième, dixième, onzième, douzième, et treizième, conservent ce nom en toute circonstance; mais celui de quatorzième se nomme souvent septième, comme l'intervalle simple dont il est le redoublement. Celui de quinzième se nomme double-octave. Celui de seizième est souvent appelé neuvième. Enfin, celui de dixseptième garde ce nom plus souvent qu'il ne prend celui de dixième.

Quant aux intervalles plus grands que la 17.e, on les nomme comme les intervalles simples d'où ils viennent.

Les deux tableaux ci-dessus ne contiennent que des intervalles directs.

Tableau N.°3. Intervalles renversés.

Il serait superflu, sans doute, de faire

observer que l'unisson n'est point un intervalle : Mais il faut faire remarquer qu'il en produit deux, l'un direct, en portant la note d'unisson à l'octave supérieure (n°. 8 du tableau) l'autre renversé, en portant cette même note d'unisson à l'octave inférieure (n°. 1°. du tableau).

Passons maintenant à la distinction des intervalles en majeurs, mineurs, augmentés ou diminués.

Les intervalles majeurs ou mineurs, je l'ai dit page 109, sont naturels.

Les intervalles augmentés ou diminués sont dus à l'art : — ils sont artificiels.

Tout intervalle moins grand que son synonyme mineur, est diminué ; — tout intervalle plus grand que son synonyme majeur, est augmenté.

Les intervalles prennent, en se renversant, la qualité contraire à celle qu'ils ont à l'état direct : C'est à-dire que l'intervalle, majeur à l'état direct, devient mineur dans son renversement. — Le mineur devient majeur, — l'augmenté, diminué ; — le diminué, augmenté &c.

J'ai réuni, dans la Table générale qui suis, tous les intervalles qu'il est possible de former. Quelques-uns de ces intervalles sont inusités; d'autres sont impraticables [1] J'ai fait les remarquer en donné les indications nécessaires. [2]

J'engage les Élèves à méditer cette table générale, à y revenir souvent, durant la première période de leur éducation musicale: ils retireront de cette étude le précieux avantage de reconnaître, au premier coup-d'œil, la nature de chaque espèce d'intervalle.

---

[1] C'est-à-dire qui ne peuvent être mis en pratique. En d'autres termes: les intervalles impraticables sont ceux dont l'emploi ne saurait satisfaire aux justes exigences du goût, des règles et de la raison.

[2.] J'aurais pu, sans doute, m'abstenir de parler des intervalles impraticables. Mais dès qu'ils peuvent s'écrire, il vaut mieux, je crois, les signaler, que de laisser dans l'incertitude ceux des Élèves qui voudraient eux-mêmes expérimenter jusqu'à quel point les intervalles peuvent, en général, être étendus ou resserrés sans changer de dénomination première.

—— Table générale ——

des Intervalles simples, naturels et altérés, directs et renversés.

Première Partie. Intervalles directs.

Observation. Les petites notes noires indiquent les demi-tons compris entre les deux notes blanches; la première de ces notes blanches ne se compte pas, parcequ'elle est le premier des deux termes de comparaison, ou si l'on veut, le premier des deux degrés, d'où résulte l'intervalle; mais la dernière se compte, parceque c'est elle qui détermine la distance tonale de laquelle l'intervalle reçoit son nom.

1re Intervalle. Secondes. cet intervalle embrasse 2 degrés.

Impraticable:

Il ne saurait y avoir de Seconde diminuée, 1°. parceque, rigoureusement parlant, le signe altératif qu'il faudrait adjoindre à l'une des deux notes qui forment la seconde-mineure,

produirait une modification d'un demi-ton majeur, distance tonale plus grande que celle
qui existe entre les deux notes, qui dès-lors se croiseraient. 2°. Parceque, même en consi-
derant l'intervalle de seconde-mineure comme un demi-ton mathématique, et le signe
altératif qu'il faudrait ajouter, comme produisant un demi-ton pareil (ainsi que cela
aurait lieu sur le piano) : le resultat final serait, non pas une seconde, mais un Unisson.

2.ᵈ Intervalle. — Tierce — (embrassant 3 degrés)

La Tierce diminuée n'est-pas usitée. Cependant, quelques auteurs italiens
l'ont employée. *

* Perne, cours d'harmonie, pag. 80.

3ᵉ. Intervalle. —— Quartes. —— (embrassant 4 degrés.)

Impraticables:

Dans l'enseignement, on donne : 1°. à la quarte mineure (b), les noms de quarte-juste, — quarte parfaite, — quarte majeure. 2°. à la quarte majeure (c), ceux de quarte augmentée, — quarte superflue (cette qualification commence à vieillir) — ou Triton. quant à la quarte mineure : le nom de quarte juste doit être rejetté, parcequ'il implique l'idée que les autres quartes sont fausses. —— celui de quarte parfaite doit également être rejetté, parcequ'il ne signifie absolument rien, la quarte mimajeure donnée à cette même quarte mineure est absurde. Elle n'est sans doute échappée à la plume de quelques auteurs que par une étrange distraction.

Quant à la Quarte majeure, il est évident qu'elle n'a reçu le nom de quarte augmentée, que par suite de la distraction dont je viens de parler… tant il est vrai qu'une faute en entraîne toujours une autre ! —— On peut conserver à la quarte majeure le nom de Triton, parcequ'elle renferme effectivement trois tons.

Les Élèves doivent s'habituer aux dénominations que j'ai employées, et qui sont les seules exactes.

La véritable Quarte augmentée n'est pas usitée.

———

4ᵐᵉ Intervalle. —— Quintelle. — (embrassant 5 degrés.)

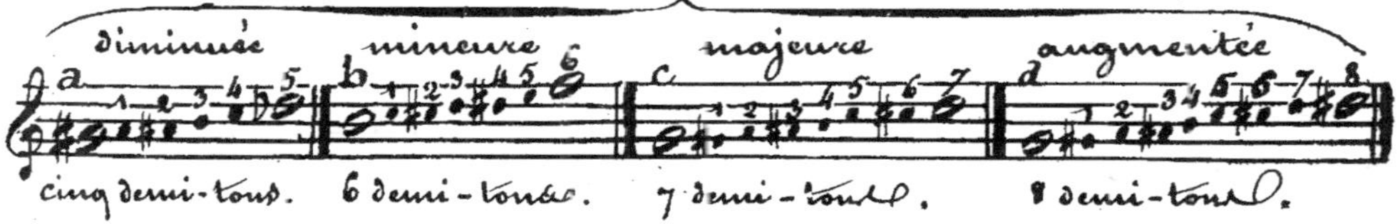

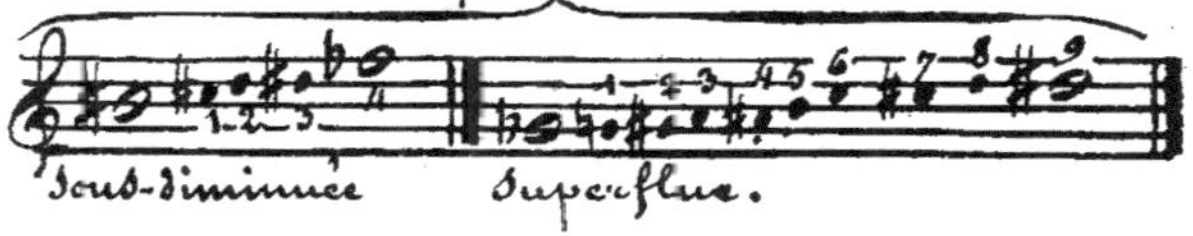

—————— Table générale des intervalles simples. —— 1re Partie ——————

Dans l'enseignement, on donne, à la Quinte mineure (b) qui précède, 1°. la qualification de diminuée, qui est en contradiction avec l'évidence. 2°. la qualification non moins reçue de fausse-quinte (la quinte mineure est tout aussi juste dans sa sphère que les autres quintes dans la leur). —— De cette façon, la véritable quinte diminuée (a) se trouve supprimée, et l'on passe du diminué ou majeur sans reconnaître l'intermédiaire obligé, le mineur.

Cette manière de procéder est, sans contredir, la plus expéditive et la plus illogique que l'on ait pu adopter.

Ces erreurs se lient intimement à celles que j'ai signalées en parlant de la Quarte : les unes et les autres partent de la même source. Du reste, elles sont, à mon avis, trop évidentes pour que mes Lecteurs n'en fassent pas justice dès-à-présent. *

La véritable quinte diminuée n'est pas usitée.

——————

3. Intervalle. Sixtes. (embrassant 6 degrés.)

* Il est, je crois, impossible qu'aucun Musicien sensé ne partage pas mon opinion, ou qu'il ne comprenne pas la portée de ma juste critique : Néanmoins, je regrette que la nature de cet ouvrage m'interdise d'aborder la question d'une manière plus sérieuse et plus approfondie. —— L'occasion pourra s'en présenter plus tard.

—— Table générale des intervalles simples. — 1re Partie. ——

6e. Intervalle — Septièmes — (embrassant 7 degrés.)

Impraticable :

Il ne saurait y avoir de Septième augmentée, puisque la Gamme entière, ou l'Octave, si l'on veut, ne renferme que cinq tons et deux demi-tons, comme je l'ai dit page 100, ou douze demi-tons (voy. ci-après). Or, la Septième majeure comprenant onze demi-tons, il est évident que la Septième augmentée devrait en comprendre douze, et ne serait, par conséquent, autre chose qu'une octave.

————

7e. Intervalle. — Octave. — cet intervalle renferme les 8 degrés diatoniques

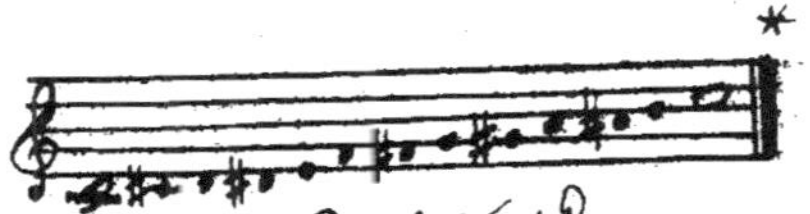

Douze demi-tons.

octave diminuée

octave augmentée.

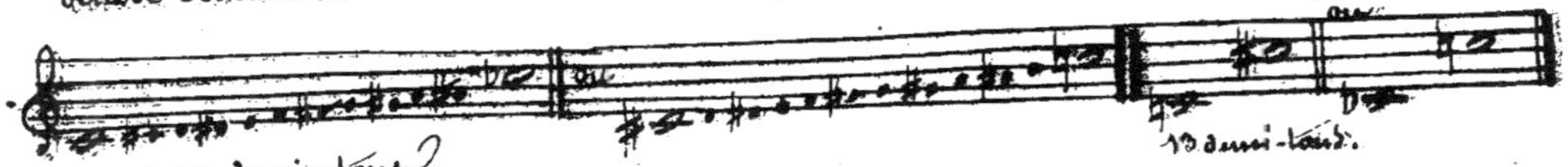

onze demi-tons.

13 demi-tons.

L'Octave altérée ne s'emploie que comme *note de passage*, c'est-à-dire comme *note ne comptant point dans l'harmonie*.

---

* L'octave étant unique de son espèce, ne peut être appelée ni majeure, ni mineure. Mais elle subit la même loi que les autres intervalles naturels, quant à son altération, qui, étant une opération de l'art, doit nécessairement faire qualifier cette octave de diminuée ou d'augmentée, selon le cas.

Seconde Partie.

Intervalles directs, avec leurs Renversements.

Nᵇ. Pour ce qui concerne l'Unisson, voyez ce que j'ai dit pages 111 et 112.

Seconde. (état direct)

Septième (renversement)

Tierce.

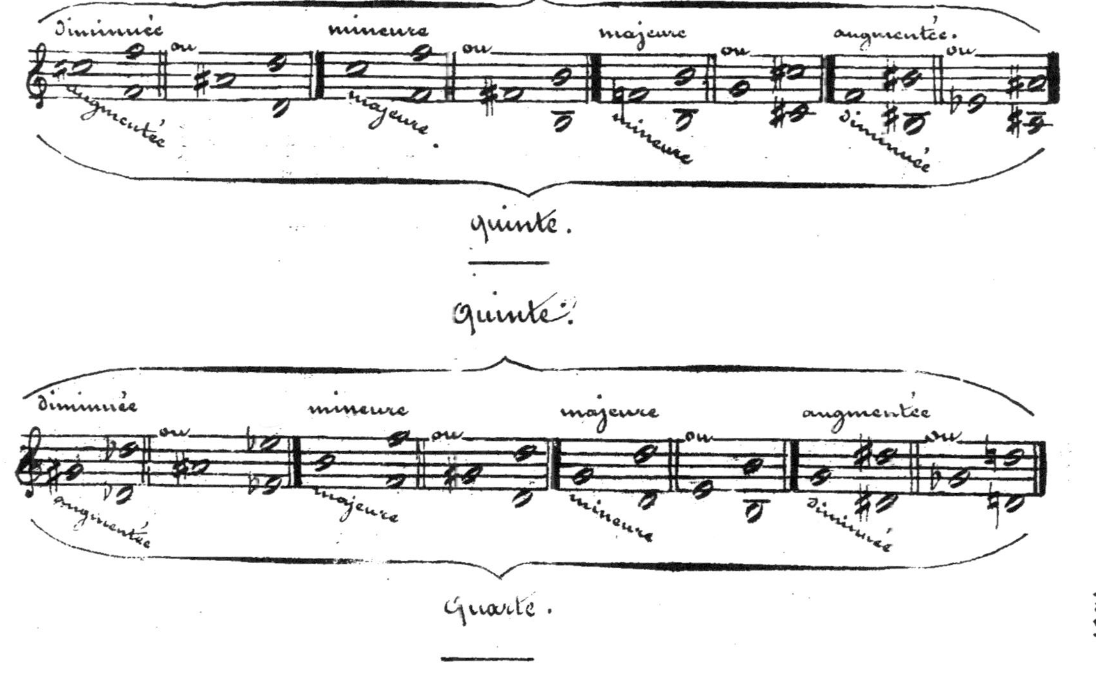

Quarte.
diminuée   mineure   majeure   augmentée.
ou   ou   ou   ou
augmentée   majeure   mineure   diminuée
quinte.
Quinte.
diminuée   mineure   majeure   augmentée
ou   ou   ou   ou
augmentée   majeure   mineure   diminuée
Quarte.

Table générale des intervalles simples. 2de Partie.
Sixte.
diminuée
ou
mineure
ou
majeure
ou
augmentée.
ou
augmentée.
majeure
mineure
diminuée.
Tierce.
Septième
diminuée
ou
mineure
ou
majeure
ou
augmentée
majeure
mineure
Seconde.

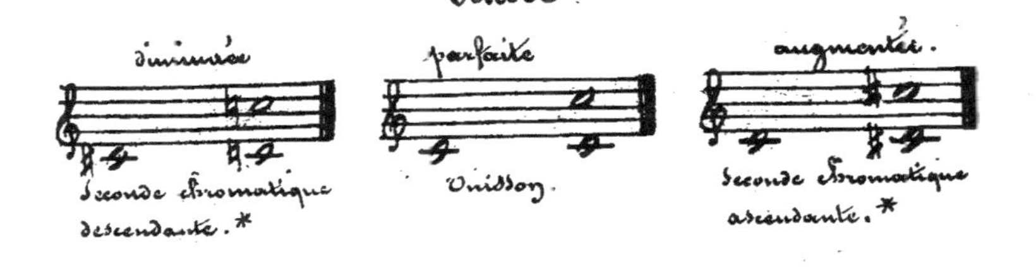

* Comme l'unisson altéré provenant du renversement de l'octave diminuée est le même que celui provenant du renversement de l'octave augmentée, on ce sens que tous les deux offrent une modification identique du même degré : on lèvera toute équivoque en donnant le nom de seconde chromatique (ascendante ou descendante, selon le cas) à l'unisson altéré.

Jusqu'ici, l'on n'a donné le nom de seconde, qu'à l'intervalle diatonique : mais l'unisson altéré ne produit-il pas une seconde mineure semblable à celle mi—fa naturel, ou à celle sol-dièze=la ? (peu importe ici le résultat harmonique). Si donc l'unisson altéré est une seconde, pourquoi ne lui donnerait-on pas une qualification propre à caractériser tout-à-la-fois son origine, sa nature, et sa différence d'avec la seconde naturelle ?

Remarque. — En présentant, dans la seconde partie de la Table générale qui précède, deux intervalles de chaque espèce, je n'ai point entendu en limiter le nombre : j'ai seulement voulu faire voir à mes lecteurs que l'on peut modifier les intervalles naturels de différentes manières et à des différents degrés.

————

Les Intervalles peuvent être considérés sous deux rapports : 1°. Sous le rapport *mélodique*. — 2°. Sous le rapport *harmonique*. (1)

L'intervalle *mélodique* est celui dont les deux notes sont entendues *successivement*.

L'intervalle *harmonique* est celui dont les deux notes sont entendues *simultanément*.

————

(1) Voy. ce que dit à ce sujet A. Elwart, dans son *solfège progressif*, pag. 28. — Elwart, que j'ai déjà cité, si avantageusement connu dans le Monde musical comme professeur d'harmonie au Conservatoire, comme Artiste et comme écrivain, est également auteur d'un *Petit Manuel d'harmonie* qui est à la 3.ᵐᵉ édition, et que je recommande vivement à tous ceux qui veulent apprendre l'harmonie vîte et bien.

Les deux ouvrages dont je viens de parler se trouvent à Paris, chez Colombier, éditeur, Rue Vivienne, 6.

ainsi donc, deux notes placées l'une à côté de l'autre, forment l'intervalle *mélodique*; les Gammes que nous avons vues pag. 99 et 100, sont une suite d'intervalles mélodiques.

Deux notes placées l'une au-dessus de l'autre, forment l'intervalle *harmonique*; l'accord que nous avons vu pag. 106, à la note, est le résultat de deux intervalles harmoniques superposés.

N°. 3.
Explications complémentaires sur la Gamme majeure.
— Gamme mineure — Gamme chromatique —

Le Mode, je l'ai dit page 102, est le résultat de la disposition de certains degrés de la gamme.

Or, lorsque la Tierce, formée par les trois premiers degrés ascendants d'une gamme, est majeure, cette gamme est elle-même majeure, ou, pour parler plus explicitement, est en mode majeur. — Telle est celle que j'ai présentée pag. 99, 102 et 105.

On reconnaît au contraire qu'une gamme est en mode mineur, lorsque la première tierce ascendante de cette gamme est mineure.

Ainsi, en abaissant d'un demi-ton la première tierce de la gamme d'Ut majeur, vous obtiendrez la gamme d'Ut mineur, ou mieux, la gamme d'Ut, mode mineur.

Ton d'ut.

La gamme en Ut mode majeur a été prise pour type ou modèle de toutes les gammes majeures (voy. le §. suiv.) parceque, purement naturelle, c'est-à-dire dégagée de tout signe altératif, elle est la plus simple.

Mais celle d'Ut mode mineur ne pouvait être choisie pour modèle des autres gammes mineures, parceque, comme nous le verrons dans le §. suivant, elle est trop chargée de signes altératifs en descendant, en conséquemment trop compliquée:

On a donc adopté celle en La mineur, qui était, après celle d'Ut majeur, la plus simple qu'il fut possible de trouver, puisque, pour être parfaite, elle n'a besoin que d'un seul signe altératif.

Gamme en La-mineur.

En analysant cette gamme, on remarque,

1° Qu'elle renferme trois demi-tons.

2° Que le premier de ces demi-tons se trouve sur le 3me degré, et produit la tierce mineure qui caractérise le mode.

3° Que le second demi-ton se trouve sur le 6me degré et forme, par conséquent, une sixte mineure avec la Tonique.

4° Que le troisième demi-ton, qui se trouve sur le 8me degré (ou tonique par réplique), provient de l'altération de la septième note, — altération nécessaire pour obtenir une note sensible (1)

____

(1) La Note sensible, indispensable dans les deux Modes, doit toujours se trouver à un demi-ton au-dessous de la Tonique.

Nous avons déjà vu, page 107, quelle importante fonction remplit la Note sensible. Ajoutons quelques réflexions spécialement applicables à la Gamme mineure.

Si la 7e note n'était pas diézée, rien ne déterminerait la Tonique de cette gamme; et si on la chantait avec toutes ses notes naturelles en montant, ce serait en vain que l'on partirait de la note La et que l'on ferait la première tierce mineure; on n'aurait pas d'autre sentiment que celui de la gamme d'Ut, mode majeur, dont on aurait entraîné la sixte au lieu de la tonique; et malgré soi, on serait entraîné à terminer sur Ut, ou bien à faire un repos sur sa tierce Mi, ou sur sa dominante Sol.

Le second demi-ton (celui formant le 6ᵐᵉ degré) produit un intervalle de *Seconde augmentée*, ou d'un ton et demi, avec la 7ᵐᵉ note, par suite de l'altération de celle-ci : ___ et comme la seconde augmentée est, dit-on, moins agréable à l'oreille et plus difficile à chanter [1] qu'une seconde majeure, on evite cette difficulté en établissant la gamme mineure

____

[1] Je dis à chanter ; car, pour ce qui est de l'exécution instrumentale, on ne saurait dire que cet intervalle soit plus difficile à pratiquer que tout autre.

Mais est-il bien vrai que la seconde augmentée soit plus difficile à chanter, ou moins agréable, qu'une seconde majeure ? Et ne s'est-on pas plutôt attaché à conserver une idée reçue, qu'à examiner jusqu'à quel point cette idée est fondée ?

Il y a, je crois, une distinction importante à faire :

Si l'on considère la seconde augmentée comme intervalle harmonique, il est certain que son résultat est très dur à l'oreille ; mais si on l'envisage comme intervalle mélodique, ainsi que nous le faisons ci-dessous : elle n'est ni plus difficile à chanter, ni moins agréable qu'une autre seconde.

Quant à moi, personnellement (et je demande pardon si je me nomme), je n'ai jamais trouvé de difficulté à chanter la seconde augmentée ; et, de plus, je n'ai pas encore rencontré d'élève bien organisé, qui l'ait chantée avec moins de justesse ou de facilité que tout autre intervalle.

Parmi les intervalles simples, je n'en admets que deux dont l'intonation soit réellement difficile : l'un est la septième majeure, et l'autre, la quarte majeure (celle connue dans l'enseignement sous le nom de quarte augmentée).

de la manière suivante :

Cette seconde gamme est employée, et conseillée, par un grand nombre de Musiciens.

Elle n'est cependant pas aussi parfaite que la première : elle est entachée d'irrégularité, comme nous l'allons voir bientôt.

Mais les Élèves doivent se les rendre familières l'une et l'autre ; et de quelque manière qu'ils trouvent la Gamme mineure écrite dans le cours d'une pièce de musique, ils devront se conformer à cette manière, paresque le compositeur aura eu, pour l'employer, des motifs puisés tout à-la-fois dans l'application des règles de l'harmonie et dans l'expression mélodique qui lui aura semblé le plus convenable à la pensée qu'il avait à exprimer.

La première des deux Gammes ci-dessus se descend comme elle se monte ; c'est-à-dire que ses intervalles gardent la même disposition.

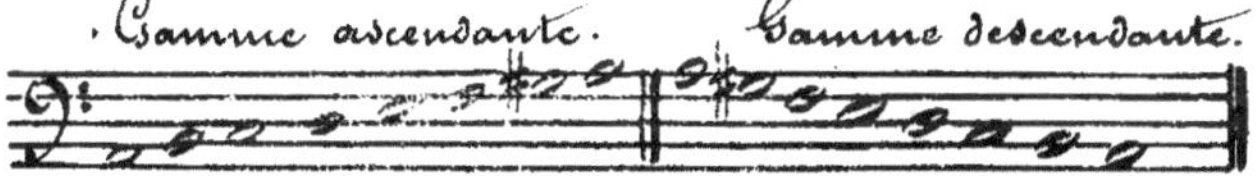

Mais pour la seconde, la disposition des intervalles est changée : les notes diézées en montant redeviennent naturelles en descendant.

Telles sont les deux manières que l'usage a consacrée.

Mais, selon la règle reçue — règle prise dans la nature même des choses (comme nous le verrons dans le S. (?)) tant aussi bien que dans le sentiment du mode mineur, il faut, en ce mode,

1°. que la 6°. note de la gamme fasse Sixte-mineure avec la Tonique, en montant et en descendant.

2°. Que la 7°. note fasse Septième majeure avec la Tonique, parcequ'autrement la note sensible ne serait pas déterminée.

On peut, par exception, faire la Sixte majeure en montant, et la Septième mineure en descendant ; mais cette exception doit être justifiée par des motifs puisés dans les les règles de l'harmonie et de la *modulation.* (1)

(1) Modulation, action de moduler, c'est-à-dire, selon l'acception rigoureuse, de passer d'un mode dans un autre. On a étendu le sens de ce verbe, et l'on s'en sert également pour exprimer l'action de passer d'un Ton dans un autre.

Ici se présente naturellement une réflexion :

J'ai dit, page 105, à la note, que l'on donnait quelquefois au mot Ton une signification fausse : c'est lorsqu'on l'emploie comme synonyme de Mode. Les deux acceptions dans lesquelles je l'ai employé jusqu'ici, et qui sont bien déterminées dans la note 1re de la page 105, sont les seules exactes. Mes jeunes Lecteurs en savent désormais assez sur le Ton et le Mode, pour ne pas confondre l'un avec l'autre, en disant, par exemple, Tel morceau est écrit en Ton mineur, lorsqu'il s'agira de dire que ce morceau est écrit en mode mineur.

Mais puisque j'ai parlé de Ton mineur, il faut que je prémunisse mes Lecteurs contre une distinction singulière, qui me paraît, sinon dangereuse, au moins complètement oiseuse.
Beaucoup de Musiciens admettaient, naguères, une différence entre les tons entiers qui se trouvent dans la gamme naturelle : Ils regardaient trois de ces tons comme majeurs, et deux comme mineurs, savoir : d'Ut à Ré, un ton majeur ; de Ré à Mi, un ton mineur ; de Fa à Sol, un ton majeur ; de Sol à La, un ton mineur ; de La à Si, un ton majeur.
Cette distinction devrait être rejetée, par cela seul qu'elle est absolument insensible à l'oreille, comme le dira-

On nomme Gamme chromatique, une gamme dont les intervalles présentent une succes-sion de demi-tons. —— Ce n'est point, à propre-ment parler, une gamme d'une espèce particulière: c'est tout simplement une modification accidentelle

très bien N°6. A Delafage, pag.33, liv.1er du Manuel de musique déjà cité.

Cependant, allons plus loin, en faisant observer tout d'abord que la distinction dont nous nous occupons est faite précisément par l'École qui enseigne que les demi-tons diato-niques sont majeurs, et les chromatiques, mineurs.

Les tons que l'on prétend mineurs, sont probablement moindres que les majeurs? or, la différence ne peut, elle-même, être moindre d'un comma: le demi-ton mineur ne renfer-mera donc que huit commas, et par conséquent deux demi-tons mineurs. —— Mais alors, comment les partisans des tons mineurs trouveront-ils un demi-ton majeur de ré-dièze à mi, ou de sol-dièze à la?

Il faut, ou qu'ils renoncent à la distinction des tons en majeurs et mineurs, comme aboutissant à une impossibilité, ou qu'ils conviennent que les demi-tons diatoniques sont mineurs.

Quant à moi, je rejette positivement la théorie des tons mineurs parcequ'elle ne repose sur aucune base, même spécieuse; et celle de la majorité des demi-tons diatoniques, parce-qu'elle est en contradiction manifeste avec la raison et l'expérience, ainsi que je l'ai déjà démontré.

de la Gamme naturelle —— Je l'ai dit page 103.

La Gamme chromatique ascendante s'effectue au moyen du dièze.

La Gamme chromatique descendante s'effectue au moyen du bémol.

Toute gamme, majeure ou mineure, peut-être chromatisée.

La qualification de chromatique, donnée à cette Gamme, vient du grec chroma, qui signifie Couleur. Delà, beaucoup d'écrivains concluent résolument que les Grecs marquaient les notes de ce genre de musique avec diverses couleurs.

J'avoue, en toute humilité, que, jusqu'ici, rien ne m'a prouvé la rigoureuse justesse de cette conclusion; or, dussé-je être traité avec le même dédain que J.J. Rousseau, je préfère la modeste réserve avec

laquelle il s'exprime dans son dictionnaire, au
mot chromatique :

« Genre de musique, dit-il, qui procède
» par plusieurs demi-tons. Ce mot vient du
» grec, chroma, qui signifie couleur, soit parce-
» que les grecs marquaient ce genre par des
» caractères rouges ou diversement colorés, soit,
» disent les auteurs, parceque le genre chro-
» matique est moyen entre les deux autres,
» comme la couleur est moyenne entre le blanc
» et le noir; ou, selon d'autres, parceque ce
» genre varie et embellit le diatonique par ses
» semi-tons qui font dans la musique le même
» effet que la variété des couleurs fait dans la
» peinture ».

11